日中企業交流の内実とその深層

As a Bridge of Corporate Alliances between Japan and China

野本 茂(編著)・方 蘇春(著)・賈 雪梅(著)

はじめに

　人間の集まりである社会には、様々なものがある。地域的な共同社会、それらが統合された国家、国家の集まりである国際的連合体がある。個人はこれらの社会に所属して生活している。

　経済的な社会としては、企業があり、世界最大の製造業といわれるまでに成長したトヨタ自動車㈱は、全世界に28万5,977人の従業員（2006年3月末現在、連結ベース、同社ホームページより）が協働する社会である。

　企業の多くは、法律に準拠して設立される法人でもあるから、現代社会は、多くの法人が集まる社会ともいえる。企業はこの法律的な意味では、会社（代表的な会社は、本書の主たる研究対象である株式会社）といわれる。個人の多くは、この会社に所属して生計を立てている。

　会社は、"社会に奉仕する機関"なのか、"金儲けの手段"なのか、人々によって意識が違う。世界的にみれば、その深層意識・価値観は千差万別であろう。

　ところで、社会科学は自然現象を扱う自然科学とは違い、社会現象の真理を明らかにする学問である。社会には前述のように様々なものがあるが、経済社会である企業あるいは会社の行動の真理を究めるのがミクロ経済学および経営学である。後者は、その固有の研究対象を「意識的経営現象」とするがゆえに成立する。

　明治期以降、日本の社会科学の問題の一つは、18世紀には、なぜイギリスで産業革命が起こり、"世界の七つの海を支配する"とまでいわれるような大英帝国が成立したのか、19～20世紀には、なぜアメリカは強大な産業国家と成りえたのか、そして、1989年の"ベルリンの壁"崩壊に象徴される冷戦

の終結後には、なぜ世界で唯独りの経済超大国として君臨しているのか、である。

　日本については、なぜ非西欧国家として初めて西欧列強国と肩を並べるまでになったのか（あるいは日本では産業革命がいつ、どのように起こったのか）、また、なぜ戦後の廃墟から立ち直り、高度経済成長を遂げ、再び先進国の仲間入りを果たすようになったのか（1968年には、当時の西ドイツのGNPを上回った）、1980年代には、なぜ製造業のいくつかの業種でアメリカを凌駕するまでになったのか（たとえば、日本の半導体産業の生産高は1986年〜1991年の6年間、アメリカのそれを超え、世界のトップシェアを獲得した）、なぜバブル経済が崩壊、いわゆる「失われた10年（筆者らの見解では1992年2月〜2002年1月）」といわれるまでに経済が低迷したのか、が問題であった。
　そして、近年（2002年〜2007年現在）では、2％前後の成長ではあるが、日本経済はなぜ長期低迷から脱け出し、「いざなぎ景気」を超える長期の好況を享受しているのか、が問題である。
　こうした経済・産業の現象はまた、「個々の企業活動」によってもたらされるから、ミクロの視点（微視的）からは経営の問題でもある。近年、経営の問題としても、日本人に俄かに関心をもたれるようになった問題の一つが「中国問題」である。
　なぜ中国は20世紀末から21世紀にかけて高度経済成長を果たしたのか、なぜ中国企業は同時期に急成長を成しとげたのか、なぜ近未来には、アメリカ

のGDPを超える経済大国となるであろう、と期待されているのか。

　日本との関係でいえば、なぜ日中貿易は急拡大しているのか、その背景にある日中企業交流はなぜ隆盛なのか、そこで多発している失敗あるいは経営上の諸問題は何であり、その要因は何か、という問題である。

　日本人にとって、中国はまさに「近くて遠い隣人」で、分かりにくい国である。56の民族、13億人を超える人口、共産党政権内部の権力構造、党・行政・企業の集権的かつ相即的な体制、地域によって違う言語、多様な文化、人々の気質等々、日本とは異質の社会である。中国の経済、企業および経営を深層から研究する場合、まず基礎知識として理解しておくべきことは多い。

　日本と中国は、2007年に国交正常化35周年を迎えた。両国の人的交流は、500万人（うち、中国人の訪日人数は100万人を超える見通し）を超える時代となりつつある。しかし、お互いに決して相手をよく理解しているといえない。その影響は両国間のビジネスにも大きく及んでいる。筆者（方）は毎年数回中国へ戻っているが、その影響の大きさをつくづく感じている。その根本的な要因はどこにあるのか。

　これは、おそらく「こころ」の問題を避けては説明できないのではないか、と筆者全員が考えている。

　また、中国問題を論ずる書籍を読むと、現地の調査もせずに、あるいは現地で調査をするときに、日本的な尺度で先方の事象を分析するような「先入観」、「偏狭」の内容が多いといわざるをえない。このことを避けるために、本書は日本人と中国人との共同研究によって、しかも現地調査で得られた知見やデータをもとに書かれた。

　研究企画段階では、聖泉大学の東村敏延学長の激励と助言をいただいた。また、本書の出版に当たり、サンライズ出版株式会社代表取締役の岩根順子氏に貴重な助言をいただいた。併せてお礼を申し上げたい。

　本書の叙述は、筆者らが浅学の徒であり、先達が労力をかけて研究した成果（インターネット上の情報を含む公表された多くの文献・資料）によっていることはいうまでもない。詳細に出所を明示しなければならないが、疎漏があるかもしれない。論述上の不備も気がかりである。併せてご叱正いただ

ければ幸甚である。

　なお、本書の主題は日中企業交流の実態（動機）を解明することであるが、その論述の過程で、経営学の基本的知識、たとえば、20世紀初頭のアメリカの工場における組織的怠業をなくすための科学的管理法（優秀作業者の動作・時間研究）のフレデリック・テーラーの業績等について、文脈に添って取り上げるように努めた。また、中国はどのような国なのか、基礎知識が習得できるように、この半世紀の中国の現代史や政治についても取り上げた。教本としても使用できるようにとの趣旨からである。

　また、中国の基本属性、近江学、筆者らの実務経験において諸先輩から紹介された教訓等をコラムとして挿入し、ともすれば難解になるこの種の本を"読み物風"に編纂した。いくつかの章・節・項の下部にはタイトルを咀嚼して"質問形式"で付記する工夫もした。

　それゆえ、日本の中国進出企業・現地日系企業、日本人学生はもとより、日本の企業とその経営を研究している中国人研究者、中国人学生・研修生等、できる限り多くの方に読んでいただけることを期する。

　　　　　　　　　　　　　　　2007年12月吉日、琵琶湖の辺、彦根にて
　　　　　　　　　　　　　　　　　　　　　野本　茂
　　　　　　　　　　　　　　　　　　　　　方　蘇春
　　　　　　　　　　　　　　　　　　　　　賈　雪梅

聖泉大学

各章の諸問題と構成

　本書では、「はじめに」で述べた一連の基本的問題が今日的な企業研究もしくは経営研究（researches into the administration and management of business (注1) corporation (注2) or company (注3)）の視点から改めて問われる。そして、そうした基本的考察を下に、1990年代の苦境を乗り越え、21世紀初頭の激変する経営環境にあって、バリューチェーン（value chain）(注4) を構築し、自社独自のビジネスモデル（business model）(注5) を改変し、グローバル大競争（メガコンペティション：Mega Competition）に勝ち抜こうとする日本企業と、急速な市場経済化の荒波に揉まれ、「国営」企業から「私営」企業に転換した中国企業との企業交流（アライアンス：alliances．提携の意。第3章で詳述）の内実に係る一連の問題が問われる。

　この日本企業と中国企業の交流の諸事象は、両国の情況（内在的要請）とグローバリゼーションの大きな流れから捉えられ、お互いの"人間"（経営者、従業員、政界等の人々）の"心"（深層意識・価値観等）から、また会社とその経営に係る文化（見方・考え方、方式・様式）から、アプローチ（接近）される。

　日中企業交流の諸事象は、これまでの「企業交流史」（主として日米欧企業交流史）にはみられない異質のもの、と筆者らは考えている。

　すなわち、一つは日本企業側の事情である。今日的日本企業の背景には、発展途上国で製造された安価な商品が世界市場を席巻する、いわゆる「商品のコモディティ（commodity：日用品；値打ちのあるもの）化（市況化）」があり、日本企業の"高コスト経営環境の中の高コスト体質"では経営が成り立たない、という切実な情況がある。

　二つは、日中企業交流の現場において、それが深まるにつれて様々な異質の問題が生じている点である。現地日系企業からは「政策がよく変わる」、「契約が守られない」、「ブランド（brand：商標）が奪われる」、「自社製品がすぐコピーされてしまう」、「価格の悪性競争により利益が得られない」、「債権回収に不安がある」、「従業員が定着しない」等の声が聴かれる。この不確

実性、異質性こそ、深層から研究されるべきことではないか。

近年、日本と中国では、市民、企業、大学等の各層レベルでいわゆる"草の根交流"の大切さがいわれ、実際、交流が盛んである。しかし、ものの見方・考え方、文化、所得・生活レベル、市民度等が大きく異なる国民間の交流を"儀礼"に止まらず、深く成功裡に進めることは口でいうほど生易しいものではない。交流が深まる程、非常に難しいことが分かる。

> ただ、日中両国の置かれる環境もかなり変わってきた。たとえば、10数年前の現地滞在者や現地から帰国した人の随筆等によれば、日本人のほとんどが本音では中国と中国人を忌避し、また中国人留学生のほとんどが日本と日本人を嫌いになって帰国する、という（有斐閣編『書斎の窓』、No.404、1991.5月号所載、広岡守穂稿「吉林大学の一年から」他）。しかし、日本に長年滞在している筆者（方、賈）の経験では、今日、そうでもなくなっている。両国間の民間交流はしばしば政治的な影響を受けたが、人的交流が増えた今日では、相互間の理解は不十分ではあるが、少しずつよくなりつつあるのは間違いないだろう。

一方、後述するが、企業交流の成否に関しては（日中企業交流に限らず、日米、日欧等の企業交流においてもそうであるが）失敗例が多い。これらの問題のよってきたるところは何か。逆に、日中企業交流の成功例はどのような要因によるのか、筆者らはそれらの深層に接近したい。

日中企業交流の深層の解明については、筆者らはこれまでの実務と研究の体験を通じて、従来の経済学、社会学、政治学、経営学等の単独のアプローチでは理解できないのではないか、という考えをもっている。そこで、とりわけ心理学を加味してのアプローチを試みたい。それも従来の産業心理学のみならず、経営者、管理者、一般従業員の心理をも含む経営心理学[注6]、さらには、ステークホルダー[注7]（stakeholder）の心理、マクロ経済の社会心理をも含む、複眼的パラダイム（思考の枠組み）が必要である、と考えている。

つまり、後述するように、現代日本企業（上場会社）にとって、自社の成長性等の対外的評価を高めることは、高次の経営課題となってきたが、たと

えば自社の株価動向については、マクロ的な株式市場の動向、すなわち市場心理（サイコロジカルライン：投資家心理が極端に弱気に傾いて下げ相場が続いても、売り注文が一巡すれば、いずれ出直ることが多い相場の経験則に基づく指標）に左右される。そこでは、心理的要素を無視できない。

　また、欧米や日本のような成熟した最終消費財市場では、もはや経済合理的な論理だけで消費者行動を読みきれない。"本当に安いと感じる商品"、"自分の感性に合った商品"、"感動を呼ぶ商品"でなければ売れない。"革新的安値感"、"ライフスタイル・ライフステージ毎の値頃感"、"価格のリーズナブル感覚"といった「消費者心理」がマーケティング（Marketing）やマーチャンダイジング（Merchandising）の現場で問題となっている。（たとえば、セブン＆アイ・ホールディングスの代表取締役会長・最高経営責任者の鈴木敏文氏は、"今日の消費は心理学でなければ分からない"と各所で述べている）。

　さらには、企業業績の盛衰も経営者心理に左右されることが多い。たとえば、日本の半導体産業の停滞（海外市場への進出あるいはそこからの背走、再編の鈍い動き、共同開発のつまずき等）は、内気な日本的エートス（ethos：ある民族や社会集団にゆきわたっている道徳的な慣習あるいは雰囲気、共同体や制度に特有の精神）も一つの要因である、と考えられるのである。

　ところで、日中両国の文化交流の歴史は古い。しかし、企業交流、しかもその戦略的な経営行動である「戦略的アライアンス（経営戦略としての企業と企業との提携、第3章で詳述）」となると、今日的な事象である。中国も全く変わった。社会主義国でありながらの「市場経済」は、日本企業にとって、これまで直面してきたビジネス環境とは異質のものである。後述するように、欧米の市場メカニズムとは異なる、共産党・行政組織・経営者機関の三位一体型中央集権体制が厳然として残存する市場であり、経済論理だけで説明できる経済社会ではない。

　一方、日本企業自身も気が付けば、"高コスト経営環境の中の高コスト体質"となってしまい、国内市場の成熟化、少子・高齢化、商品のコモディテ

ィ化等に直面し、今後どのように戦略展開していけば良いのか、模索が続いている。この意味で、「日中企業交流」は新たな企業・経営研究の地平といえよう。

しかも、日中企業も世界経済の中では、これまでの欧米資本主義あるいは欧米型企業経営の価値観のグローバリゼーション（地球化、中国語では全球化、globalization、第1・2章で詳述）や標準化を促すICT（情報通信技術、Information and Communication Technology、ITともいわれる）革命[注8]に無縁ではありえない。日中企業交流も世界の大きな流れの文脈からみなければ、その本質は捉えられない。そうした地球的視座から、両国の情況とその関連あるいは異同をみることによって、日中企業交流の内実をより一層明らかにすることができよう。

したがって、日中企業交流の諸問題を分析するには、まず今日的現象として盛んにいわれるグローバリゼーションの認識を踏まえて、中国の内面的事情を、そして日本企業のグローバル化戦略を打ち出さなければならない情況を問題としなければならない。

すなわち、1978年以降、中国は資本主義市場経済と関係をもつようになった。なぜ、どのように市場メカニズムを信奉するようになったのか、中国経済、そして中国企業の「改革・開放」は日本、そして世界のそれらにどのような意義をもち、どのような影響を与えているのか、また、中国はどのような問題を抱え、それは日本、そして世界にどのような影響を与えていくのか。

これら一連の問題に関して、本書は次のような構成により論じる。

日本は19世紀以降、好むと好まざるとにかかわらず、欧米諸国と"渡り合う"関係にあった。"クローズドシステム"にあった中国も諸外国と"渡り合う"関係の"オープンシステム"にならざるをえなくなった。換言すれば、グローバリゼーションの潮流に乗らざるをえなくなった。なぜ、そうならざるをえなかったのか。どのように"オープンシステム"に転換し、それがまた逆に、世界経済に、他国籍企業に、特に日本企業に対してどのような影響を与えているのか、が問題である（第1章）。

さらに，日中企業交流をグローバリゼーションの潮流の文脈の中で深層からみるためには，その内実（他国籍企業にとっては、マクロ的なビジネス環境の問題）をよくみなければならない。すなわち、何が中国に国境を越えてもたらされ、どのように中国経済社会を均質化していくのか、が明らかにされなければならない。経済・企業社会における、いわゆるグローバル・スタンダードとは何か、の問題である（第2章）。

　次に、本書の主題である「日中企業交流に及ぼす経営文化の影響」の「企業交流」は、ビジネスの意味関連で換言すれば、「アライアンス」、今日的には「戦略的アライアンス」の問題であるから、結論（第5章）に至るためには、アライアンスそのものの理解を深めておかなければならない（第3章）。

　そのうえで、日中企業アライアンスの諸問題に影響を与えていると考えられる日中企業の経営文化そのものについて論じる（第4章）。

　さらに、この問題に応用心理学的にアプローチし、経済合理性からの説明だけではなしえない、日中企業アライアンスの諸現象の裏に潜む動機の解明に繋げ、結論としたい。この章では、特に地場企業（滋賀県）の中国進出の動機等が問題とされる（第5章）。

　なお、本書は日中の学生にも読んでもらいたいと考えているので、この「各章の諸問題と構成」も含め、各章ごとに注記を入れ、知っておいて欲しい時事用語や現代経営学の基礎的用語について学会の基本書（事典等）から引用解説した。また、現代経営学の重要な用語には、英語を括弧表記した。

[注記]
1. business：日本語では「ビジネス」とカタカナ表記され、職場等一般に口語としても用いられている。多様な意味で使われるが、主に（①事務、業務、仕事、職業（occupation）、②商売、商取引、商況、営業、③商業、実業、事業、店、会社、④かかわりのある事柄、口出

しする権利のある事柄、⑤職務、本分、務め、仕事（duty）、⑥用事、用件、用務」を表す。
2．corporation：元々、都市自治体、市会を指す言葉であるが、有限会社、株式会社等の法人、商事会社をも表す。人々が集団で（joint）お金を集めて（stock）して事業する組織との意で英字表記の社名にも使われる。
3．Company：元々、一座の人々、一同（party）、仲間、友人（companion）の意。会社を表す場合によく用いられる。
4．バリューチェーン：value chain、ポーター（Porter, M.E.）が*Competitive Advantage*, Free Press, 1985．（土岐坤、中辻萬治、小野寺武夫訳『競争優位の戦略』、ダイヤモンド社、1985年）において、提唱した概念。価値連鎖。「企業は単体としてみても、競争優位は、企業が行う設計、生産、マーケティング、配送および製品の支援といった個々の活動から成り立つのである。これらの活動によって、企業の相対的コスト・ポジションや差別化が決まる。バリューチェーンは、企業を戦略的に重要な活動に区分することで、原価動向と既存・潜在的双方の差別化の源泉を理解できる」とされる。
5．ビジネスモデル：business model、研究開発―購買―生産―販売等、一連のビジネス・プロセスの中で付加価値を産み出す仕組み。いわば、自社の強みを付加価値化する独自の収益モデルのこと。「ビジネスモデル」という言葉は、1980年代初頭に生み出された金融・証券業界の情報システムにかかわる「ビジネスモデル特許（従来では特許の対象とみなされていなかったビジネスの仕組みに対する特許）」がその始まりといわれている。1990年代に入り、ICT（情報通信技術）が飛躍的に発展し、それを利用した新しいビジネスの仕組みが登場した。プライスライン・ドットコムのリバースオークションやアマゾン・コムのワンクリックなどのように、「ビジネスモデル特許」として自社のビジネスの仕組みを権利化し、保護する企業が出現したことで、広く注目を集めるようになった。
6．経営心理学：management psychology，business psychology、高宮晋編『新版 体系 経営学辞典』（ダイヤモンド社、1975年）によれば、「産業心理学（industrial psychology）は戦前、労働者の作業動作、能力適性、疲労現象といった人間の個人的活動に対する生理学的、心理学的研究の範囲に限られていたが、戦後、心理学の進歩は人間行動の生理心理的範囲だけでなく、人間全体としてのモチベーションやパーソナリティの研究、さらには社会行動に対する社会心理学的研究の面が開けてくるようになった。そこで産業心理学においても、労働者の勤労意欲の研究とか、消費者の購買動機の研究などが行われるようになり、また経営という組織が一つの社会的集団として、経営内の従業員の行動にどのような力を及ぼすか、また、他面では職場の従業員の間に生じる人間関係が、どのように経営体の公式組織をゆがめたり、これに抵抗したりするか、こうした社会心理学的研究にもとづく産業心理学の研究分野が広がってきて、ここに経営心理学という新領域を形成するに至ったのである」という。近年のこうした広義に考える文献としては、たとえば、齋藤勇・藤森立男編『経営心理学トピックス100』（誠信書房、1995年）が、従来の産業心理学ではサービス経済化の進む今日的状況に間に合わない等の理由から、経営心理学の問題を広範に編纂している。すなわち、「第1章：消費者心理と行動、第2章：販売と購買行動、第3章：ファッションの経営心理、第4章：広告の方法と心理、第5章：広告の深層心理、第6章：自己プレゼンテーションの心

理、第7章：企業の意思決定の方法、第8章：管理者とリーダーシップの心理、第9章：企業組織の活性化、第10章：職場での影響力と業績、第11章：性役割と経営心理、第12章：人事測定（アセスメント）ディベロップメント、第13章：ビジネスマンのワークモチベーション、第14章：仕事の成功と失敗、第15章：職場のストレスと適応」となっている。本書では、さらに広義の経営に関係する個人・社会の応用心理学から「日中企業交流」の実態にアプローチすることを志向している。

7．ステークホルダー：stakeholder、企業の利害関係者のこと。「企業の経営活動の存続や発展に対して、利害（stake）関係を有する全ての存在を意味する。顧客、従業員、株主、債権者、官公庁、仕入先、得意先、地域社会、行政機関など、範囲は極めて広く、地域社会から国際社会までをも含む。従来の日本企業は、一定の利害関係者との閉ざされた関係を長期的に維持して経営されてきたが、市場と企業活動がグローバル化する中で、ステークホルダーとの関係も開放的で柔軟に変化する方向へ向かっており、あらゆるステークホルダーとの関係を見直して、常にステークホルダー関係性を最適化しておかないと競争優位性が保てない状況にある。株主（株式持ち合い）、従業員（終身雇用制度）、取引先（系列）、金融機関（メーンバンク制）など、日本を支えてきた経営方法に近年、制度疲労が顕在化してきており、コーポレート・ガバナンスのあり方が問い直されるようになっている。一方、社会をステークホルダーから構成されているステークホルダー社会（stakeholder society）と定義し、全てのステークホルダーの満足達成を目指す経営では、ステークホルダー間のバランスを取ると共に、価値観を共有できるステークホルダーとの長期関係性が重要性を増すことになる。いわゆる欧米流の株主重視とは異なり、日本の伝統的な考え方に近いものとして注目される」（実践経営学会編『実践経営辞典』、櫻門書房、2006年）。用語としては、日本と欧米の企業間の経営に対する価値観やそのスタイルを比較し、識別するうえで、キーワード（たとえば、「『ステークホルダー』企業観」）として用いられている。

8．ICT革命：情報通信技術、Information and Communication Technologyの飛躍的発展による革命。ICTとは具体的には、情報処理のハードウェア、ソフトウェア、およびそれらを組み合わせたシステムの構築、そして情報通信の技術や設備の総称。1990年代に入り、インターネットの世界的な普及により、情報が瞬時に伝達されるようになった。日本やアメリカではITと総称されてきたが、EUでは、ICTといわれており、国際機関でもICTの使用が多くなりつつある。今後、ユビキタス（ubiquitous）社会が到来することは確実であり、その基盤を支える産業が情報通信機器製造・サービス産業である。2007年度『情報通信白書（総務省刊）』は、情報通信と経済成長の関係について、今後はユビキタスネットワークにより利用される情報や知識を成長の源泉とする「情報・知識の時代」が到来すると展望している。ところが、日本の情報通信産業の国際競争力の現状についても分析しているが、主要な情報通信機器は、1997年から2005年の間に、ほとんどの製品で世界シェアと輸出額ともに低下したとし、企業競争力と生産拠点としての立地という両面で、日本の競争力低下が明らかだ、と指摘している。すなわち、日本に比較して、各国は主要通信事業者が国外事業を展開しており、特に欧州事業者の国外売上比率は高く、国外進出に積極的だと分析している。また各事業者ともNGN（次世代ネットワーク）構築に向けた計画を進行中で、今後のNGN構築へ向けて自

社技術を国際標準とするには、積極的な世界展開が必要である、という。アメリカの場合、立地競争力は低下したが、企業競争力は維持されている。中国は国際分業体制構築による海外ベンダーの生産拠点集積を背景に、立地競争力が急速に増大した、と分析している。これは、日本の将来にとって深刻な問題であり、情報通信サービス産業のグローバル化がいわれる所以である。

日中企業交流の内実とその深層　目次
As a Bridge of Corporate Alliances between Japan and China／Contents

はじめに

各章の諸問題と構成

第1章　グローバリゼーションと日中企業
Japanese and Chinese Corporations in Globalization

要旨 ··· 20
Key Words：グローバリゼーション　メガコンペティション　中国の改革・開放
　　　　　　病み上がりの日本企業　経営者の心理変容　日本企業のグローバル化

1．**まえがき** ··· 21
　―なぜ、日本の輸出額は過去最高を更新しているのか？―
　―なぜ、日本の所得収支は過去最高を更新しているのか？―
　―なぜ、日本のサービス収支の赤字幅は縮小傾向にあるのか？―

2．**真義のグローバリゼーション** ··· 24
　―なぜ、「グローバリゼーション」が盛んにいわれるようになったのか？―

3．**真義のグローバリゼーションの幕開けと中国企業の"変身"** ········· 26
　―なぜ、中国は"変身"したのか？　どのように"変身"したのか？　どのような矛
　盾を抱えているのか？―

　(1)　改革・開放政策への転換 ··· 28
　　―なぜ中国に世界のヒト、モノ、カネ、情報が移動するようになったのか？―

　(2)　中国共産党の企業改革政策 ··· 34
　　―中国型「社会主義市場経済」とは？　中国企業の"変身"とは？―

　(3)　中国の「社会主義市場経済」の方向性 ··· 39
　　―中国のビジネス環境は、今後どのようになるのか？―

4．**病み上がりの日本企業とグローバリゼーション** ································ 41
　―なぜ、中国が日本の最大貿易相手国となったのか？―

5．**結び** ··· 46

　　コラム　もし世界が100人の村だったら　52

第2章　グローバリゼーションの内実
The inside of Globalization

要旨 56
Key Words：グローバル・スタンダード　株式　有限責任　自由な株式売買
専門経営者　経営者資本主義のグローカリゼーション

1．まえがき 58
―何が、世界の多くの経済社会を均質化させているのか？―

2．「資本主義」というグローバル・スタンダード 59
―グローバル化する資本主義的要素とは何か―

(1)　「株式制度」という資本主義の制度的要素 59

(2)　「専門経営者」という資本主義の人的要素 63

3．経営者資本主義のグローカリゼーション 68
―なぜ、アメリカの経営者資本主義は隆盛なのか？―

4．中国の経営者資本主義 80
―中国の経営者はどのような人々なのか？　資本は誰が支配しているのか？―

5．結び 81

　●コラム●　21世紀の予言　86

第3章　日中企業のアライアンス
Alliances between Japanese and Chinese Corporations

要旨 90
Key Words：戦略的アライアンス　直接投資　加工貿易　日中企業交流
ジョイント・ベンチャー　独資　M＆A

1．まえがき 92
―なぜ、今、グローバルな戦略的アライアンスなのか？―

2．経営学における「戦略論」の隆盛 94
―なぜ近年では、経営戦略が重要課題なのか？―

3．戦略的アライアンスの今日的意義 97
―アライアンス、そして戦略的アライアンスとは何か？―

4．戦略的アライアンスの事例とその動機 99
―今日的企業が戦略的アライアンスを計る切実な情況とは？―

5．日中企業間のアライアンスの諸形態 111
―日中企業間の戦略的アライアンスの異質性とは？―

6．結び ·· 114
🔷コラム　『権威』より　120

第4章　日中企業の経営文化
Managerial Culture on Japanese and Chinese Corporations

要旨 ·· 124
Key Words：経営文化、企業文化、組織文化、擬制的集団主義　分解経営
　　　　　　稲作型経営　長期思考　利益至上主義　垂直展開型ビジネスモデル
　　　　　　水平展開型ビジネスモデル　垂直分裂

1．まえがき ·· 125
　―なぜ、トヨタは世界の自動車産業のリーダーと成りえたのか？―
　―なぜ、日本には長寿企業が多いのか？―
　―なぜ、今も近江商人の経営理念が語られるのか？―

2．経営文化の概念と意義 ·· 130
　―なぜ今、経営文化が問題視されるのか？―

3．日本的経営文化の特徴 ·· 136
　―近年、日本的経営文化はどのように変わっているのか？―
　(1)　戦後の日本的経営文化 ··· 136
　(2)　日本的経営文化の変化 ··· 141

4．中国企業の経営文化 ·· 145
　―中国企業の経営文化とは？―

5．結び ·· 150
🔷コラム　三方よし　153

第5章　日中企業交流における異文化摩擦
　―日中企業交流に及ぼす経営文化の影響に関する心理学的研究―
Industrial Psychology Approach to the Influence of Corporate Culture on Alliances between Japan and China

要旨 ·· 156
Key Words：日中企業交流　異文化摩擦、ハイブリッド経営、経済人仮説、
　　　　　　社会人仮説　経営人仮説　自己実現人仮説

1．まえがき ·· 157
　―なぜ、日中企業交流において文化や深層心理が問題になるのか？―

2．日本企業の中国進出・撤退の実態と動機 ……………………… 160
―中国進出・撤退等の日中企業交流の諸事実は、経済合理的な動機だけで説明できるか？―

（1） 中国進出動機の経営文化的側面とその経営者心理 ……………… 160
―日本企業は何社が中国に進出しているのか？　うち滋賀県内企業は何社が中国に進出しているのか？　うち滋賀県内からの中国進出企業の業種は？　なぜ進出するのか？　どのような心理で現地経営に臨んでいるのか？―

（2） アライアンス解消・継続の要因と異文化摩擦の解消 ……………… 166
―なぜ、中国から撤退しているのか？　なぜ、中国で事業を継続しているのか？　どのように異文化摩擦を解消しているのか？―

3．日系企業の経営文化と中国企業の経営文化との融合と乖離 ……… 169
―日中企業アライアンスは、どのように展開されているのか？―

4．日中企業間における異文化摩擦のインターフェース ……………… 173
―日中企業交流における問題発生の根源とは？―

5．結び ………………………………………………………………… 175

[謝辞] …………………………………………………………………… 176

> **コラム**　近江学研究入門　178

おわりに

中国のプロフィール

> **コラム**　中国ってどんな国？　中国の基本的データ（2006年末現在）　184
> **コラム**　中国の行政区分と中央国家機構　186
> **コラム**　中国の方言　188
> **コラム**　中国初の月探査衛星「嫦娥1号」　191

第1章
グローバリゼーションと日中企業
Japanese and Chinese Corporations in Globalization

上海浦東新区の一角（賈 雪梅撮影）

要旨

　20世紀末から21世紀初頭にかけての新ミレニアム転換期に、真義のグローバリゼーションが始まった。1980年代以前とは、"桁違い"の多数あるいは大量のヒト、モノ、カネ、情報が国境を越えて移動するようになった。この結果、世界の多くの社会が均質化する傾向がみられる。この真義のグローバリゼーションの進展は、1978年の中国の「改革・開放政策」への転換、1989年の"ベルリンの壁"崩壊に象徴される冷戦の終結、および1990年代に急速に進展したICT革命を機とする。特に、中国の改革・開放政策への転換、旧ソビエト連邦諸国および東欧諸国の脱社会主義化によって、"自由放任の資本主義"の世界市場は格段に広域化した。これとともに、それらの国では、社会の諸相が劇的に変わり始めた。(何がその根因かは第2章)。

　同じ時期、少子・高齢化、国内市場の成熟化、商品のコモディティ化（商品の市況化）等の経営環境にあって、高コスト体質の日本企業はビジネスモデルの更新を迫られた。それは、日本企業の経営環境の底流がグローバリゼーションの進展に伴うメガコンペティション（mega competition：商品の製造・流通の競争が世界規模で行われること）情況に変化したことによる。とりわけ、一衣帯水（一筋の帯のような狭い水。その狭い水を隔てて近接していること）の中国の「改革・開放政策（外資導入）」への転換の波動は大きかった。中国経済が擬制的（社会主義を標榜したまま）にも、実質のところ、自由放任主義の市場メカニズムを信奉する社会主義市場経済（socialist market economy）に転換したことにより、「日中企業交流」が本格化した。

Key Words
グローバリゼーション　メガコンペティション　中国の改革・開放
病み上がりの日本企業　経営者の心理変容　日本企業のグローバル化

1. まえがき

―なぜ、日本の輸出額は過去最高を更新しているのか？―
―なぜ、日本の所得収支は過去最高を更新しているのか？―
―なぜ、日本のサービス収支の赤字幅は縮小傾向にあるのか？―

　2006年度の日本の輸出総額は77兆4,624億円（前年度比13.4％増）、輸入総額は68兆4,158億円（同13.1％増）と、ともに過去最高を記録した。貿易黒字は２年ぶりに増加し、10兆4,839億円（同11.0％増）となった。輸出額をGDPで割った比率をみると、ここ５年間の数値で、2002年…10.4％、2003年…10.8％、2004年…11.7％、2005年…12.6％、2006年…14.0％と、かつてない程、高まってきている。（第Ｉ―１表、第Ｉ―２表）。

第Ｉ―１表　近年の日本の貿易額推移

年度	輸出[億円](A)	輸入[億円]	貿易総額[億円]	GDP（実質、兆円）(B)	A/B[％]
2002年度	527,271	430,671	957,942	506	10.4
2003年度	560,603	448,552	1,009,155	517	10.8
2004年度	617,208	503,676	1,120,884	528	11.7
2005年度	682,902	605,113	1,288,015	540	12.6
2006年度	774,624	684,158	1,458,782	552	14.0

出所：貿易額は財務省、GDPは内閣府

第Ｉ―２表　近年の日本の経常収支の推移 (単位：億円)

年度	経常収支	貿易収支	サービス収支	所得収支	資本収支
2002	133,872	113,739	-50,131	80,206	-50,491
2003	172,972	130,115	-34,062	85,120	-205,376
2004	182,096	131,571	-35,947	96,441	-141,969
2005	191,233	95,633	-21,560	126,094	-140,413
2006	211,538	104,839	-22,979	142,484	-152,330

出所：財務省

貿易収支以上に黒字幅が大きいのは、企業や個人の対外投資からの収益を示す所得収支[注1]の黒字で、2006年度は14兆2,484億円と過去最高となった。2002年度の8兆206億円の約1.8倍である。
　この所得収支の増加に関連して、経済産業省「海外事業活動調査」に日本の製造業の海外生産比率（現地法人売上高／国内法人売上高）をみると、1985年度には3.0％に過ぎなかったものが、1995年度には9.0％、2000年度には13.4％と年々高まっている。また、海外進出企業ベースでは、1985年度…8.7％、1995年度…24.5％、2000年度…32.0％と約三分の一までになってきている。
　さらに、日本経済新聞社の調査［地域別営業損益が比較可能な2007年3月期の上場企業（金融、新興3市場除く）500社の所在地別営業損益（内部取引消去前）ベース］によると、海外営業利益は5兆7,390億円で、前期対比2割増と過去最高となった。連結営業利益に占める海外比率は通期で初めて3割を超え、日本企業の収益構造は海外依存度を一段と高めていることが分かる。
　サービス収支[注2]は、同じ2006年度、2兆2,979億円の赤字となったが、2002年度の5兆131億円比、約46％の減少となった。サービス収支のうち、最も赤字幅の大きいのは旅行収支であるが、近年、その赤字幅が縮小している。円安等で日本人の海外旅行が伸び悩む一方、円安や経済成長に伴う所得の上昇で韓国、台湾、中国を中心に、訪日外国人旅行客数が増えてきている。2006年は約733万人が訪日し、5年前の1.5倍、日本人の海外旅行客数の4割強に達した。近年、日本も訪日外国人数を増やす"ビジット・ジャパン"キャンペーンに尽力するようになった。2010年には、1,000万人の訪日外国人数にしようという目標をもっている。（7,000万人を超えるフランス、4,500万人を超えるスペイン等の諸国に比べると、彼我の感が強いが）。
　特許等使用料の収支も、2006年度は6,100億円の黒字と過去最高となった。
　円高により、また閉鎖的な日本市場を嫌って長く低調であった対日直接投資も1999年、2002年には1兆円を超え、直近（本書執筆中）の2007年1～7月期には2兆3,240億円（新規の直接投資額から出資引き揚げ等による流出額を差し引いた流入超ベース）となった（財務省調べ）。

これは、欧米のグローバル企業が日本国内市場で一定の競争力をもつ日本企業を買収し、世界的なシェア拡大を狙う動きが広がっていること、一方の日本企業も、リストラクチャリング（資産の再構築）の一環として関連会社を売却、外国企業の出資を得て経営を立て直す、あるいは国際競争力の強化を狙って、外国企業との戦略的な業務・資本提携（この戦略的アライアンス問題については、第3章で詳述）をすること等の動きが広がっていることによる。漸くにして、日本企業の経営者も"自前主義"へのこだわり（高関与）を捨てつつある。
　また、2007年を通じて、日本の株式市場における外国人持株比率は約28％まで高まった。日本経済の成長性は疑問だが、日本株を持たない"ポジション"をとることにリスクがある、ということであろう。

　「失われた10年」の間、不況に喘いできた日本経済は、根源的にいえば、海外との交流が大きく寄与して回復してきた、ということができ、上掲のデータは、モノ（貿易）、ヒト（サービス）、カネ（投資）、知恵（特許）、技術（工芸・文化）等がますます日本の国境を越えて移動している、とみることができる。
　（日本もますます、後述するグローバリゼーションの拠点となってきている）。

　さて、グローバリゼーションは、これまでの「相互依存」、「国際化」および「ボーダレス化」といった概念を超えた現象であるが、どのように日本企業、中国企業、さらには日中企業交流に影響してきているのであろうか。

　そこで本章では、グローバリゼーションとは何か。なぜ近年、盛んにいわれるようになったのか。"閉ざされた社会（クローズドシステム）"であった中国は、なぜ、どのような経緯で"開かれた社会（オープンシステム）"になり、グローバリゼーションの拠点となったのか。バブル経済期の過剰設備・過剰債務・過剰人員等の"過剰"解消に追われた病み上がりの日本企業は、なぜ、どのようにグローバリゼーションの潮流に乗ることができたのか、の問題をみよう。

2. 真義のグローバリゼーション

―なぜ、「グローバリゼーション」が盛んにいわれるようになったのか？―

　グローバル（global）とは、グローブ（globe：地球）の形容詞であり、「地球的な」あるいは「地球規模の」という意味である。1990年代になり、「グローバリゼーション（globalization：地球化、中国語では全球化、イギリス式の発音では『グローバライゼーション』）」という言葉が盛んに使われるようになった。
　東北大学の大西仁教授は、「『グローバリゼーション』とは、大量のヒト、モノ、カネ、情報が国境を越えて移動するようになった結果、地球上の多くの社会の均質化が進んだという現象」と定義し、次のように説明する[注3]。
　人類は、これまでもグローバリゼーションを繰り返してきた。すなわち、その原型（上記の定義には当てはまらないが、ヒトやモノが世界的に拡がる現象）としては、人類が何百万年か前にアフリカの大地溝帯で誕生し、ユーラシア大陸や南北アメリカに移住した現象。また約1万年前、農業技術が中近東あるいは東地中海のどこかで発達し、世界に伝播した現象。また、15世紀から19世紀半ばには大航海時代を迎え、西欧列強国が世界各地を植民地化し、西欧化・近代化が世界に拡がった現象を例示する。
　日本は植民地にはならなかったが、「文明開化」は当時のグローバリゼーションの気分を表した言葉であった、という。
　それでは、今次の真義のグローバリゼーションはいつ、何を機に始まったのか。

　まず時期については、大西教授は1990年代から始まった、という。それまでの「ヒト、モノ、カネ、情報が国境を越えて移動する現象」は、「相互依存」、「国際化」あるいは「ボーダーレス（borderless：国境のない）化」といわれ、国境を越えた現象であるものの、「地球化・全球化」現象ではなかった。
　ところが、まず1990年代には、ICT（Information Communication

Technology）革命が起こり、情報が国境を越えて瞬時に伝達されるようになった。また1989年、"ベルリンの壁"が崩壊した。戦後の冷戦の世界秩序は崩壊し、共産主義国家群の"クローズドシステム"（国家統制経済）が資本主義国家群の"オープンシステム"（自由放任主義の市場経済）へと合流し、交流し始めた。まさに、グローバリゼーションが地球的、全球的に進展する条件ができたのである。

　たとえば、"カネ"の世界的な移動を例示すると、そのフローの巨額なことに驚く。国際決済銀行（BIS）の調べによると、世界の外国為替取引規模が2007年4月時点で1日平均3兆2,100億ドル（＄1＝¥115換算、約369兆円）と初めて3兆ドルの大台に乗せた。3年前の調査時の1兆8,800億ドルと比べ約7割増えた。国際金融の変化も激しい。国別シェアで日本は6.0％と前回の3位から4位に後退し、グローバル金融市場での地位低下が浮き彫りになった。日本の国別シェアは前回（8.3％）より下がり、比較可能な1995年の同調査以降最低となった。首位のイギリスは34.1％。イギリスはアジアと米欧の両方から取引に参加しやすい立地条件から、外貨取引の集中が加速した。中でも外貨準備が急増したアジアの新興国などが運用通貨をドル以外に多様化しようと英ポンドやユーロ取引を増やしたことが影響したとみられる。2位はアメリカ（16.6％）、3位はスイス（6.1％）。5位のシンガポール（5.8％）は前回よりシェアを高め、日本に肉薄している。世界中を駆け巡るマネーの巨額さ、その行き先の偏在と変わり身の早さ、グローバル金融ハブの移り変わりを実感するデータである。

　ところで、大西教授の定義には、「グローバリゼーションとは、大量のヒト、モノ、カネ、情報が国境を越えて移動するようになった結果」とあるが、このうち、「情報」の内容については、思想、意識、知識、ノウハウ、技術、文化等、広義に捉えることができよう。
　また、本書では、1989年の"ベルリンの壁"崩壊以前の1978年、中国が統制経済を開放経済へ転換し始めた点を重視したい。中国はグローバリゼーションの最大［ヒト（人口：13億人超）］の拠点として、世界大で様々な影響

を及ぼすようになったからである。

　上述してきたように、グローバリゼーションとは冷戦の終結とICT革命を機として、ヒト、モノ、カネ、技術、文化等の国境を越える動きが活発化し、世界大で多くの社会が均質化していく現象、とみることができる。
　そこで、問題はヒト、モノ、カネ、情報が国境を越えて地球的、全球的に移動するようになった主因である中国経済の改革・開放は、なぜ、どのようにして行われたのか。そして、同じ時期、なぜ日本企業はグローバル化を本格化しなければならなかったのか、である（次節）。

　なお、一方において、グローバリゼーションに関しては、その負の側面が指摘されている。1997年に表面化したアジア通貨金融危機や、2001年9月11日の同時多発テロ等、グローバリゼーションが環境を破壊し、貧富の差を拡大していると考える国あるいは人々の反発である。
　しかし、後述するように、科学技術の発展に伴うグローバリゼーションを拒否することは困難であり、むしろ現在はグローバリゼーションを前提とした地域主義、二国間主義などの秩序が多層化している、とみるべきであろう。

3. 真義のグローバリゼーションの幕開けと中国企業の"変身"

―なぜ、中国は"変身"したのか？　どのように"変身"したのか？
　どのような矛盾を抱えているのか？―

　前述のように、大西教授のいう、いわば真義のグローバリゼーションの拠点となり、大きな役割を演じているのが中国である。中国の高度経済成長による、石油、鉄鉱石、石炭、アルミニューム地金、銅等の原材料価格の世界的な高騰、安い賃金、優遇税制などの外資受入れ政策、"世界の工場"から輸出される安価な商品は、世界経済に大きな影響を与えている。
　そこで、長く"クローズドシステム"であった中国は、なぜ改革・開放政策に転換し、"オープンシステム"の"世界の工場"になったのであろうか。

結論からいえば、改革・開放政策への転換の根因は、国営企業あるいは人民公社では、従業員の働く意欲が湧かず、動機付けがなされないからである。合理的なはずの「官僚制組織」は、マックス・ヴェーバー（Max Weber、1864～1920）の理論とは逆の面（弊害）がどうしても出てくる。すなわち、次のような非効率な保守化傾向に陥りやすい。

　「官僚制に逆機能をもたらす要因として職員層のパーソナリティ（個性）があるが、それは規則とヒエラルキー（上下関係が整序された組織や秩序）という官僚制の基本的特徴に由来するものである。例えば、公式構造の権限をいたずらに振り回す権威主義、ヒエラルキーの『はしご』を上ることだけを目的とする出世主義（ラダー・クライマー）、公式組織の上下関係よりも職場の非公式な人間関係を重視する社会心理的傾向（仲間意識）、あるいは組織に忠実なあまり自己を見失う傾向（組織人）などである。官僚制の固有の構造から生み出されたこうした傾向は、新しい環境や規則にない考え方などに対して保守化する傾向をもつため、合理的であるはずの官僚制は『官僚的』になり、非効率の代名詞になりやすい。そこで経営学では、セルズニック（Selznick.P.）の『組織と制度』論以降、官僚制の公式構造にどのように『血』を通わせる（モラールを高める）かというテーマが組織行動論とリーダーシップ論において問われるようになった[注4]」。

　また、国民がどのような財やサービスを、いつ、どこで、どれだけ欲するかは、中央政府や地方政府には分からない。むしろ資源の非効率な無駄遣いを増長してしまう。需要と供給が自由に"ぶつかり合う"市場メカニズムがないため、価格メカニズムが働かない。競争がないため、品質を向上させる、価格を引き下げる、コストを下げる、といったインセンティブ（誘因）が経済システムの中に"ビルトイン（組込み）"されていない。

　たとえば、ホテルの従業員は、国あるいは地方政府から"お客様"を割り当てられ、いくら働いても（サービスしても）、それが自社、自分の業績、賃金に全く"リンク"していなければ、また来てもらえるように、"お客様"

に良いサービスを提供しようとする心理にはならない。2003年に、筆者（野本）は北京のホテルに宿泊した。まず気付くのは、「サービス品質」意識の違いであった。汚いクチャクチャなお札（お釣り）をお礼の言葉も、愛想もなく渡されては"お客様"という観念も希薄だ、と思わざるをえなかった。ある中国人は、中国のサービス品質が日本の品質レベルになるには100年かかる、という（"お客様に頭を下げる"ということは恥ずべき行為である）。

　共産主義による経済運営失敗は、人類史上の壮大な実験であった。しかし、実験をいつまでも続けるわけにはいかない。実験結果を"診る"べき時がくる。そして、それには基準が要る。世界を知る"医者"が要る。（後述するが、鄧小平の英断）。

　また、国民の社会心理は、他者によって変わる相対的なものである。独裁国家で報道統制をするのはこのためである。他国よりも極めて貧しいまま、ICT革命が進行する世界において、人心がいつまで安泰でいられるであろうか。ますます先進国から取り残され、清貧（価値観）だが、赤貧の国家としての苦渋に甘んじなければならない。

　人間（国民あるいは人民）の意欲、動機、感性、知恵・工夫、達成感等の本性を無視した経済システムはいずれ瓦解せざるをえない。

(1) 改革・開放政策への転換
—なぜ中国に世界のヒト、モノ、カネ、情報が移動するようになったのか？—

　なぜ世界のヒト、モノ、カネ、情報が"クローズドシステム"にあった中国に移動するようになったのか（特に"カネ"の移動が決定的であったのか？）。その結果、中国はどのように変わったのか（日中企業交流の起因となる変化とは？）。

　この問題も結論からいえば、中国共産党の路線争いの結果、漸くにして権力を掌握した鄧小平(注5)の英断であり、"オープンシステム"への転換、グローバル化（"開国"）への「粘り強い意志と理論のメタファー化（分かりやすい説明）」であった。

後者に関連して、中国の理論実践については、日本人はよく驚かされる。一度、共産党・中央政府の政策（「理論」に裏付けられる）が決まれば、省・市・県・区・鎮等の末端まで、党員（書記）・行政（官僚）―相即的かつ序列的体制―が精力的に働き、実行していく。ただし、実行に際して各下部組織は自分の都合に合うように中央の政策を解釈するような現象がよくみられる。中国ではこの現象を「上有政策、下有対策」と称する。
（以下、中国の政治的な歩みを振り返るが、特に「理論」に注目されたい）。

　中国の近代を振り返れば、1911年の辛亥革命により清朝崩壊、1912年の中華民国成立、1921年の中国共産党創立、そして内戦の末、1949年、中華人民共和国[注6]が建国された。毛沢東[注7]をリーダーとする社会共産主義[注8]政府である。そして、その38年後の1978年12月18日の共産党第11期第3回中央委員会第3回全体会議（第11期三中全会）で、階級闘争の終了が宣言され、今後の活動の重点を近代化建設におくことが決定された。

　三度の失脚から復活、実権を掌握した鄧小平が、停滞し世界から取り残された中国再建のための新しい基本路線として、「改革・開放政策」を打ち出した。このことこそ、前述した真義のグローバルゼーションの幕開けとなる世界史的な出来事であった、というべきであろう。

　中国経済・企業・経営を理解するためには、この政治的経緯は、概括的にでもよくみておかなければならない[注9]。中国では、経済と政治が密接（不可分）かつ全体的（三権未分立）に絡んでいるからである。しかも、経済発展すれば環境が破壊される、市場メカニズムを信奉すれば貧富の格差が広がる等々、矛盾が表出、問題が山積する中、その問題指摘の強弱やメリハリの付け方によっては、共産党内部の権力闘争が再燃しかねない。政争の具ともなれば、実業家は論理・秩序なき政策変更に翻弄されかねない。そこで、以下、中国の近年の政治情況をやや詳細に述べる。

　1949年の建国まもなく、毛沢東は米国・ソ連の覇権主義[注10]の"核の傘の

下"に入らず、「自力更正」の独立路線を採り、核兵器開発等の軍備増強を進めた。第三次世界大戦を本当に想定、心配していたようである。それゆえ、国内のみでの社会主義、いずれ共産主義社会へという"理想郷"を御旗に、「国民の愛国心・民族主義」に依拠せざるをえなかった。

　1958年、「英国を追い越せ」というスローガンを掲げた大躍進政策が進められた。この政策の中心の一つは鉄鋼の増産運動であった。古い鍋などの鉄を土盛りの土法炉で薪や石炭を燃料にして溶かす原始的なもので、製品は粗悪で使い物にならなかった。この運動は農村の労働力と資材を大量に必要とし、農産品や生活用品が不足した。また、農民の土地と牛や馬は人民公社のものとなり、人々は自炊をやめさせられ、共同食堂を利用するようになった。

　食料の無駄はともかく、農民たちの生産意欲が失われてしまった。一方、農村の幹部たちは上層部の歓心を買うために、争って嘘の生産実績を報告するようになっていった。生産された食糧の量に基づいて食糧を国へ上納するシステムとなっているので、結局、多くの地方では農民に分配する食糧はほとんどなかった。おまけに、その年以降3年続けて自然災害が発生した。人災と天災とが相俟って、総数1,500万人とも2,000万人ともいわれる餓死者を出した、といわれている。

　大躍進政策が進められた1958年前後から、私営企業や国家合営企業に対して、社会主義企業への転換が進められた。文化大革命（1966〜1976年）までの間に、ほとんどの企業、商店、鉱山等が、全人民所有の国営企業、集団企業等に改組された。そして、外国の「ブルジョア(注11)資本主義」技術に頼らない民族主義技術が賞賛された。

　企業も農村も社会主義計画経済に組み込まれた"歯車"にしかすぎなくなり、機関、企業、組織を指す「単位」や、敵と味方を判別するための「同志」という挨拶言葉もこの頃生まれた。農村においては、人民公社制度による強制的農業集団化がなされた。中国は1950年代後半からその実、「戦時国家社会主義体制」に入っていたのである。

国有部門の人事権、事業計画、投資計画、予算決定権から福利厚生にいたるまで経営権のすべては全人民所有制の名のもとに、中央・地方政府（＝党）の幹部によって独占された。現在でも未だに存在している国有企業、単位、商店等は、この時期に設立されたものがほとんどである。

　1966年から始まった文化大革命で一切の「ブルジョア思想」は排撃され、資本主義的経営者は反社会的な存在として徹底的に攻撃された。中国では、「企業」、「経営者」、「資本」、「利益」、「市場」、「個人」といった言葉は全く使われなくなってしまった。文化大革命さなかの1971年、林彪による毛沢東暗殺未遂事件が起こった。この事件に象徴される中ソ敵対関係の深刻化と中国共産党内部抗争激化の中、毛沢東は1971年10月の国連復帰を決断し、翌年の2月に米国のニクソン大統領を迎え、同9月には日本との国交を回復した。

　　（1972年9月25日から30日まで訪中した当時の田中角栄首相・総理は、周恩来首相・国務院総理と、国交回復のための話し合いを行った。27日に両者は、毛沢東主席とも会見した。握手する際の毛沢東主席の第一声は"喧嘩は終わりましたか？"だったそうだ。この難しい日中国交回復の交渉の状況は「日本国政府と中華人民共和国政府の共同声明（1972年9月29日付、北京にて）」に表れている。
　　一部、引用して下記に掲げる。この基本姿勢は決して忘れられてはならないからである。
　　「日中両国は、一衣帯水の間にある隣国であり、長い伝統的友好の歴史を有する。両国国民は、両国間にこれまで存在していた不正常な状態に終止符を打つことを切望している。戦争状態の終結と日中国交の正常化という両国国民の願望の実現は、両国関係の歴史の新たな一頁を開くことになろう。
　　日本側は、過去において日本国が戦争を通じて中国国民に重大な損害を与えたことについての責任を痛感し、深く反省する。また、日本側は、中華人民共和国が提起した『復交三原則』を十分理解する立場に立って国交正常化の実現をはかるという見解を再確認する。中国側は、これを歓迎するものである。
　　日中両国間には社会制度の相違があるにもかかわらず、両国は、平和友好関係を樹立すべきであり、また、樹立することが可能である。両国間の国交を正常化し、相互に善隣友好関係を発展させることは、両国国民の利益に合致するところであり、また、アジアにおける緊張緩和と世界の平和に貢献するものである」）。

1976年、周恩来、毛沢東の相次ぐ死去に伴い、文革派4人組が逮捕され、新中国建国以来最大の挫折と損失をもたらした10年の動乱「プロレタリア文化大革命」は漸く終了した。

　1978年は日中関係にとって、72年同様、未来への礎を築く年であった。2月には日中長期貿易協定が調印され、5月には上海宝山製鉄所建設に関する日中議定書が署名され、さらに8月には日中平和友好条約が北京で調印された。10月には鄧小平（当時は副首相）が来日し、新日鉄君津製鉄所を訪問した。来日中、「尖閣列島問題を棚上げする」と発言した。
　前述のようにこの年の12月、共産党第11期第3回中央委員会全体会議（第11期三中全会）が開かれ、三度の失脚から復活、実権を掌握した鄧小平による改革・開放政策が、国家再建のための新しい基本路線となった。

　「改革」とは統制経済により行き詰った国内の様々な制度改革であり、「開放」とはそれまでの外国の投資・借款・援助は求めない「自力更生」方針を転換する「対外開放」であった。

　具体的には、1979年、経済特区が設置され、合資経営企業法（合弁法）が採択・制定された。鄧小平は発展のためには、一時的な経済格差が生じることを容認し、「豊かになる条件のあるものが先に豊かになり、その後、遅れた地域を援助する」という「先富論」を展開した。これに基づき、対外開放は沿海地域からスタートした。深圳、珠海、汕頭、厦門の4地域に対外開放の実験区域として、「経済特区」を設立（1988年に海南島を追加）した。また、1984年には、沿海部の14都市大連、秦皇島、天津、煙台、青島、連雲港、南通、上海、寧波、温州、福州、広州、湛江、北海を沿海開放都市に認定するなど、徐々に地域を拡大していった。さらに、1988年には、ハイテク産業の育成を目的とした高新技術産業開発区が設置され、外資系企業への誘致活動は一段と活発化した。

　1990年代に入ると、経済技術開発区および高新技術産業開発区の数を増や

すとともに、内陸部や国境地帯でも対外開放都市が選定され、従来よりも広範囲な地域で外資導入策を実施するようになった。

このように、ごく限られた経済特区から始まった対外開放は、沿海主要都市、内陸部と、対象地域が次第に拡大されていった。

経済特区等に進出した外資企業には、税制上の優遇措置が付与された。

企業所得税は通常の半分以下に軽減（「二免三減」：黒字転換後の2年は企業所得税を免除、その後の3年間は半分に）する措置が採られた。雇用確保や地域振興の見地から、地方政府も独自の開発区の設置、優遇措置の実施を通じて、外資企業を誘致しようとした。

改革・開放政策へ転換した後、貿易は外貨の獲得、就業機会の拡大につながるものとして、中央・地方政府は輸出を奨励するようになった。改革・開放後に実施され、輸出入の増加をもたらした主な改革は次の3つである[注12]。

①貿易権（輸出入権限）の自由化

改革・開放政策に転換する以前、貿易は特定品目の貿易権をそれぞれ独占する10社程度の対外貿易専業公司にのみ認められていた。しかし、転換以降、中央・地方政府は企業にも貿易権を付与するようになった。

②外資企業に対する輸出入奨励策

外資企業は、設備を輸入する際の関税が免除されるとともに、製品を一定比率以上輸出した場合にも税金が減免された。

③為替制度の変更

改革・開放政策に転換する以前、輸入費用を抑えるため、ドル等に対する人民元の為替レートは割高に固定されてきたが、改革・開放以降、為替制度を大きく転換し、輸出振興のために見直された。1981～84年には、中国人民銀行が発表する公定相場とは別に、貿易内部決済用の相場が設定された。この相場では、公定相場よりも人民元の対ドル為替レートが割安に設定され、輸出の拡大を為替面から促した。

筆者（野本）は1980年代半ばに中国深圳を訪問した。いまは中国のどの都会でも深圳とはそう変わらないが、当時の深圳はまさに中国の中の「特別な区域」であっ

た。香港から列車で深圳経済特区（1979年当初は「輸出商品生産基地」として構想）に入った。バスで中心部に向かった途端、停車させられ、二人の軍人が乗り込んできた。何を臨検しているのか、分からなかった。バスの窓からは鉄条網が見え、中心部ではビルが槌音高く建設されてはいたが、未だ暗澹とした雰囲気であった。帰りは、船で香港に戻った。ビクトリアパークから見た眩い香港の夜景、近代的なガラス張りの高層ビルでオープンな雰囲気の香港上海銀行を視察した後での深圳訪問であり、香港の"自由な雰囲気"と深圳の"鉄条網"が対照的であった。また、古来のノスタルジックな中国のイメージは消えていた。しかし、鉄条網に囲まれた深圳は鄧小平の改革・開放政策の画期的な魁（さきがけ）であったのである。

鄧小平にとって、「経済特区は窓口であり、それは技術の窓口であり、管理の窓口であり、知識の窓口であり、対外政策の窓口」であった。改革・解放政策への急転換以前、中国は共産党の社会主義国であり、現在もそうであるが、共産党の権力抗争の末、鄧小平が実権を握ったことが「社会主義市場経済（socialist market economy）」の端緒となった。

(2) 中国共産党の企業改革政策
—中国型「社会主義市場経済」とは？　中国企業の"変身"とは？—

中国は社会主義体制を維持しながら、自由市場経済システムを導入した。鄧小平はそれを「社会主義市場経済」と名づけた。その標榜する「社会主義市場経済」とはどのようなものであったのか。

中国経済社会の1980年代後半から1990年代にかけては、計画経済から市場経済への移行に伴うカオス（chaos,ギリシャ語：混沌）的状況にあった。たとえば、文化大革命期に農村に下放され、集団農業労働に従事させられた多くの「知識青年」たちが都市に戻り、都市には失業者があふれていた。

この当面の喫緊の課題に対処すべく、中国共産党中央、国務院は各地方都市、郷鎮に個人経営企業を復活させた。1987年、第13回共産党大会で「社会主義初級段階論」が決議された。すなわち、趙紫陽総書記は中国が社会主義

の初級段階にあるという考え方を提起した。中国の社会主義は半殖民地半封建社会から生まれたもので、生産力のレベルは先進資本主義国よりもかなり遅れている、と説いた。

この理論によって、中国は超長期にわたる初期段階を経て、他の多くの国が資本主義の条件の下で成しとげた工業化と生産の商品化、社会化、現代化を実現しなければならない、とした。その狙いは、資本主義的要素を社会主義経済に導入して近代化を実現するというものであった。そして、この初級段階は少なくとも100年以上かかるとされた。社会主義初級段階論の提起により、社会主義が遠い将来の「理想」として棚上げされる一方、資本主義的要素の導入が正当化されたのである。

こうした共産党大会での決議をもとに、翌年の全国人民代表大会第1回会議では、憲法第11条に「私営経済は社会主義公有制度の補充であり、国家はその合法的権益を保護し、私営経済を指導監督する」と書き込むことが決議されるに至った。
そして同年6月、中国人個人が私企業を設立することを認めた「私営企業暫定条例」が制定された。

1980年代、香港、マカオ、台湾など華僑資本を主とする外資系三資企業（第3章で詳述）、あるいはダミー会社、小規模な同族家内企業、旧人民社隊企業、農業連合廠を母体とする郷鎮企業(注13)、個人商店、民営企業、私企業など過渡期形態の新しい民間企業が大量に国内に生み出された。

しかし、全体を統括する体系的な会社法典はいまだに制定されず、1980年7月公布「工商企業登記管理条例」のほか、1985年8月公布の「公司登記管理暫定施行規定」と1988年の「企業法人登記管理条例」といった企業登記管理法令、すなわち企業の登記管理と監督取り締りを旨とする登記管理法令が会社法典に先行して、次々と暫定的なかたちで制定・施行された。

1980年代後半に中国経済社会で発生した特筆すべき現象として、国有企業改革と政府幹部の利権が絡んだ「官倒」の横行がある。すなわち従来の計画経済体制で政府配給商品・資材を独占できる利権を持つ政府官僚が、自ら設立した私営企業をトンネル会社として、計画経済分野から市場経済分野に国有資材等を転売し、莫大な転売利益をトンネル会社＝個人のポケット＝私設の「民営」企業へと囲い込んでいった現象である。この時期にかかる「原始的資本蓄積過程」を経て成立した実態不明の半官半民企業が、名称や法人形態を変えながら、現在でも実質的に存続している。

　改革開放政策が実施されるさなかの1989年にはいわゆる「天安門事件」というショッキングな出来事があった。中国政府は世界中の非難を受け、経済活動も大きな影響を受けた。日本の企業、特に自動車産業はそれからの数年間において中国への進出を躊躇するようになり、多くのビジネス商機を逃した。

　なお、その年の11月、鄧小平は中央軍事委員会主席を辞任し、江沢民総書記が軍事委員会主席を兼任、楊尚昆が同第一副主席に就任する。これで鄧小平はすべての公職を退いた。しかし、引退後も鄧小平は、その後の集団指導体制のリーダーとして、隠然たる力をもっていた。それを内外に示したのが1992年の「南巡講話」である。視察中の一連の講話で、鄧小平は自らの健在ぶりを示すとともに、華南沿海都市の発展ぶりを賞賛して改革・開放路線を加速させた。
　南巡講話後の第14回共産党大会（92年）では、「市場経済すなわち資本主義ではなく、社会主義にも市場はある」（鄧小平）として、「社会主義市場経済」確立の方針を確認した。

　これらの根底に流れるのは、経済が成長し、人々の生活が豊かになる限り、共産党政権の正当性は保証されるとする、鄧小平の「生産力主義」である。1993年3月15〜31日、第8期全人代第1回会議が開かれ、「社会主義市場経済」を明記した憲法修正案が採択された。「計画経済、国営企業、人民公社」

という言葉が憲法から外された。社会主義市場経済を始め、資本主義的要素の導入を正当化したのは、鄧小平が提唱した「三つの有利論」である。この論理は、あるものごとが社会主義か資本主義かを見分ける基準は、「生産力の発展」、「総合国力の強化」、「人民生活水準の向上」に有利であるかどうかであり、もし有利であれば、社会主義というものである。これは、「白い猫でも、黒い猫でも、鼠を捕るのがよい猫だ」という「白猫黒猫論」に象徴される鄧小平の思考の現実路線の好例に外ならない。南巡講話の中で、「中国は70年も遅れてしまった。無駄にしてしまった。」と述懐していたが、その素直な坦懐、執念、バランス感覚は並ではなかった、とみるべきであろう。

さて、政治的には、1992年に楊尚昆を国家主席の地位からはずし、93年、江沢民を国家主席にすえた。江沢民に党・政府・軍の三大権力を与え中国の将来を託したのである。1997年7月1日、155年に及ぶイギリスの統治を終え、香港の主権が中国に復帰した。同年9月の第15回共産党大会において、江沢民は改革・開放政策の土台である「鄧小平理論」を党規約に明記し、党の指導思想とすることを表明。国有制主体の社会主義「公有制度」の範囲を広げ、株式制度を本格導入すると宣言した。

江沢民は2000年、「共産党は先進的な生産力の発展、文化の前進的方向、最も広範な人民の根本利益を代表する」という「三つの代表」思想を提起した。この「三つの代表」は、2002年の第16回共産党大会において、共産党の定義を従来の「労働者階級の前衛部隊」に加えて「中国国民と中華民族の前衛部隊」でもあるとし、成長セクターである民営企業家の共産党入党を容認する姿勢を鮮明にする党規約改正を行った。

「北京週報日本語版」(2007年7月30日付)によれば、「2006年末現在、中国共産党の党員は7,239万1,000人に達し、前年より158万1,000人増えた。2002年から2006年までの5年間の新規入党者は全国で1,185万9,000人。なかでも女性と短大(2～3年制)卒以上の学歴をもつ党員の増加が目立った。中国では党員組織が増えつつあり、共産党の吸引力と結束力も強まってきた。党員の構成はより合理的になり、新鮮な血液が絶えず補充されたことで、組織と党員の間に生気と活力が出てきた」という。

三つの代表論を提唱した江沢民は、改革・開放政策を着実に推し進め「国有企業改革（赤字で苦しんでいた国有企業の統廃合、株式制の導入）」、「金融体制改革［人民銀行（中央銀行）の機能強化、金融市場の育成、自由化］」、「行政体制改革（近代的な行政機構の確立）」を断行した。

　江沢民が共産党総書記の地位にあった13年間に、中国経済は年率約10％という高成長を果たした。ただ、三つの代表論は、共産党が先進的生産力、先進的な文化、さらには最も広範な人民の利益を代表する、とするが、本来、共産党はマルクス主義の教条にしたがえば、プロレタリアを代表しなければならない筈である。全民政党を唱える三つの代表論は、この正論から離脱した考えである。共産党が本当に全民政党になれば、もはや共産党ではなくなる。実際には、前掲の北京週報が報じるように、共産党員の部分的拡大ということであろうが、共産党を根本から変える可能性を秘めている。

　なお、2002年11月の第16回中国共産党大会で、最高指導者・総書記の地位は胡錦濤に継承され、いわゆる第4世代*の胡―温体制ができた。さらに2007年11月の第17回同大会で、曽慶紅と羅幹らは中央常務委員を引退し、習近平上海市党委書記、李克強遼寧省党委書記らの第5世代指導者が新たに常務委員となった。2020年に国民一人当たりのGDPを90年のそれの4倍にするという目標を掲げて、08年の「北京オリンピック」、10年の「上海万博」、19年の「建国70周年」、21年の「結党100周年」へ向け、経済を強化し、中国をグローバル化していく強い決意が示されている。

　　*第4世代：中国では、中国革命に参加する年代によって指導者の世代区分をしている。毛沢東、朱徳、周恩来らを第1代（世代）、鄧小平、陳雲らを第2代、江沢民、朱溶基、李鵬らを第3代、胡錦濤、温家宝らを第4代、そして第4代の次の世代、例えば習近平、李克強、薄熙来らを第5代指導者と呼ぶ。

(3) 中国の「社会主義市場経済」の方向性
―中国のビジネス環境は、今後どのようになるのか？―

　前 2 項で述べてきた1978年からの「社会主義市場経済化」は、経済発展とともに、様々な改革の歪(ひずみ)をもたらしている。

　1960年代の日本の公害問題を想起させる深刻な環境汚染。沿岸部と中西部第 2 級地域（吉林省・黒龍江省・河南省・湖北省・湖南省・海南省・重慶市・安徽省・四川省・江西省）、あるいは中西部第 3 級地域（山西省・内蒙古自治区・広西自治区・貴州省・雲南省・チベット・陝西省・甘粛省・青海省・寧夏自治区・新疆自治区）との所得格差、都市部と農村部の所得格差。民営化に伴う政府公人の汚職。人権の侵害。これらの問題の深刻化と広範化は日本の比ではない。

　たとえば「人権の侵害」の一例をみると、2007年 6 月中旬、日本のメディア（新聞等）は、中西部山西省のレンガ工場で、誘拐された多数の少年らの強制労働が社会問題化していることを伝えた。

　なお従来、中国では報道規制がなされ、国民へは国内で何が起こっているか、報道されないのが常態であったが、今回の事件について中国のマスコミも詳細に報道した。

　温家宝首相は 6 月20日、国務院（中央政府）常務会議を開き、近く全国の農村にある工場などを大規模に検査するように指示し、胡錦濤指導部は報道規制を緩め、庶民を食い物にした不正への厳しい姿勢を示した。

　発覚から摘発に至る経緯は、国内メディアを通じて大々的に報じられた。秋の党大会（2007年）に向けて権力基盤固めを進める指導部には、報道規制を緩め、積極的な摘発姿勢を一般に広く浸透させる狙いがあったとみられる。

　しかし、ネット上では上層部の責任追及や政治体制を批判する書き込みが目立った。「最高幹部が辞職しない限り悪行はなくならない」、「民主的な選挙がなければ何をやっても無駄だ」。子供の虐待や人身売買に対する庶民の素朴な怒りが、地方政府だけでなく、中央政府へと向けられた。問題の地域

では、1990年代から不正な強制労働が続いてきたとされる。事件は中国社会に横たわる根深い闇の一端を改めて浮き彫りにした。
　一方、米国で問題になった中国製玩具の場合、中国の企業はただ米国から持ち込まれた原材料を組み立てる工程だけ行ったので、原材料の安全性に責任がなかったことが明らかになった。この点について、日本の多くのマスコミは報道していない。

　こうした市場化を目指すうえでの改革の歪が露呈する中国では、改革の評価と今後の方向をめぐり、論争が起こるのは当然であろう。

　野村資本市場研究所シニアフェローの関志雄稿「中国研究報告—法治と公平実現を模索—」（日本経済研究センター、2007.4.10付、日本経済新聞）には、中国における経済論争は「新自由主義者」と「新左派」との間で交わされているとし、次のように報告している。

　中国では、社会主義の看板と裏腹に、効率性を尊ぶ新自由主義者の政策への影響力が強く、学界でも主流派である。一方で、公平性を重視する新左派は、庶民の間では人気を集めながらも、学界では、非主流派に甘んじている。新自由主義者も公平性を無視しているわけではないが、公平性の基準として、新左派が「結果の平等」を重んじるのに対し、新自由主義者は「機会の平等」を強調する。中国が不公平な社会である点については、両者に異論はないが、原因と採るべき方策については意見が分かれている。新自由主義者は市場経済化の不徹底を問題とし、私有財産権の確立と市場経済に基づいた所得の分配を主張する。一方、新左派は市場経済化自体を問題視し、公有制の維持を一貫して主張する。「民営化」についても、新自由主義者は、国有のままでは企業の経営効率の改善が見込めず、その資産を大事にする経営者に所有権を譲る方が良いと考える。一方、新左派は、経営者や官僚たちが自らの立場を悪用し、国有財産をほしいままにしていると批判する。
　「グローバル化」についても、新自由主義者は自由貿易と比較優位に沿った分業を信奉して賛成するのに対し、新左派は成長が期待される幼稚産業、

特に技術集約度の高い産業に対する保護の必要性を訴え、反対の立場をとる。新自由主義者は外資導入に伴う技術移転や雇用創出のプラス面を強調するが、新左派は外資企業の進出は国内市場だけでなく、民族資本の成長の機会をも奪うという「中国経済のラテンアメリカ化」を懸念する。

上記論争を経て、論点の対立が鮮明になる一方、権力と資本が癒着する「悪い市場経済」を回避し、法治と公平を前提とした「良い市場経済」を目指すべきだという共通認識が形成されつつある。

改革の果実が国民全体に行き渡るように、胡錦濤・温家宝政権は「調和の取れた社会」（和諧社会）の構築を目標として掲げている。それに向けて、2006年10月の中国共産党第16期中央委員会第6回全体会議（六中全会）で採択された「社会主義調和社会の構築の若干の重要問題に関する決定」では、発展の理念と発展戦略の転換が打ち出された。

すなわち、「効率優先」から「公平と効率の均衡」に、「先富論」から「共同富裕論」に、「経済発展優先」から「経済社会協調発展論」へと転換された。また、「沿海地域優先」は「地域協調発展」に、「都市発展優先」は「都市農村協調発展」に、「国内総生産（GDP）至上主義」は「人と自然の調和」に舵が切り替えられた。

4. 病み上がりの日本企業とグローバリゼーション

―なぜ、中国が日本の最大貿易相手国となったのか？―

2006年度の日本の貿易相手国の内訳をみると、中国が日本の最大の貿易相手国となった。

当年度の貿易統計（財務省）によると、対中国の貿易総額が香港を含まないベースで対米国を戦後初めて上回り、単独で最大の貿易相手国となった。香港を除く中国向け輸出は11兆3,145億円（前年度比21.2％増）、輸入は14兆1,131億円（同13.0％増）となった。ともに過去最高を更新し、計25兆4,276億円で、米国の25兆1,608億円を上回った。

戦後日本のアメリカ依存の経済関係から考えれば、画期的な出来事といえる。
　この日中貿易拡大の理由は、財務省の分析によれば、日本から部品などを輸出し、中国で組み立て、日本や欧米に輸出するというサイクルが定着したためだ、という。
　中国が日本企業のグローバル戦略の重要拠点になって、日中貿易拡大に拍車がかかっている。
　商品別にみると、日本からの対中輸出では半導体等の電子部品が1.5倍になり、銅等の非鉄金属は約8割増。輸入は携帯電話等の通信機器が7割強の伸びを示していることからも推測できる。
　また、日本と中国で1つの製造工程を形成しており、中国との貿易拡大は、米国経済の好調さにも支えられたもの、とも指摘する。
　「日本からアメリカへ」が「日本から中国を経てアメリカへ」となり、迂回しているのである。
　なお、日本の対米貿易総額は中国に抜かれたとはいえ、拡大基調を維持している。対米輸出は自動車などが好調で3年連続増加し、17兆1,284億円と、過去最高を更新した。

　一方で、中国は最終製品の輸出先として市場が高度化している、という。たとえば、トヨタは中国の現地生産を強化する一方で、日本で製造した高級車「レクサス」(注14)の輸出も伸ばしている。2006年の同車の中国での販売台数は1万3,000台と前年の約3倍となった。
　近年、中国の経済成長率は10％内外の高成長を記録しており、日米欧の先進国も2～3％と安定成長。こうした環境の中で、日本の対中貿易が拡大しているのである。

　振り返れば、1985年のプラザ合意(注15)以降の円高により、高コストの日本では経営が成り立たなくなった日本企業は、東南アジアに、そして貿易摩擦を回避すべく、アメリカへと生産拠点を移した。「産業の空洞化」が叫ばれた。また、低金利の中、国内の投資資金は株や土地売買に向かった。バブル

景気となったが、それも束の間、金利の引き上げと土地融資の総量規制によって、バブル経済は崩壊。1992年2月から2002年1月にかけてのいわゆる「失われた10年」には、経済心理は冷え切った。そうしてやっと、2002年2月から、年2％程度の成長軌道に回復した。

　なぜ、日本は1990年代を通じ2000年初頭まで長期不況に陥ったのか、については、資金循環表の詳細な分析等、研究がなされている。その理論的研究成果を待ちたいが、心理学的にみれば、それ直前のバブル経済期、日本の経営学者、証券アナリスト、経営者等がともすれば、（後述する）アメリカ経済・経営の衰退を横目にもはや"学ぶべきものはない"といった傲慢な心理に陥っていたことが、逆にグローバリゼーションのビジネスチャンスを活かせなかった基因ではなかったか。特に、バブル景気"真っ盛り"の1980年代、アメリカではICT革命の条件整備、担い手の新興が着実に進行していたのである。

　バブル経済の後遺症からやっと立ち直った日本企業は、2004年度3月決算から、2007年度決算まで4期連続で過去最高の経常利益を更新している。財務省発表の2006年度の法人企業統計によると、企業の売上高や経常利益、設備投資など主要な項目の多くが過去最高水準を記録した。製造業、非製造業ともに業績が好調だった。

　株主への配当も過去最高の規模に膨らんだ。

　全産業ベースの売上高は前年度比3.9％増の1,566兆4,000億円、経常利益は5.2％増の54兆3,000億円だった。当期純利益も約2割増えて28兆1,000億円と過去最高。株主への配当金は16兆2,000億円と約3割膨らみ、企業が株主への利益還元を重視する傾向を裏付けた。

　また、設備投資は全産業で前年度比14.3％増の44兆1,000億円。携帯電話などの情報通信や鉄鋼業、サービス業などの伸びが目立った。

　リストラクチャリング(注16)を終えた日本企業は、漸くにして本格的にグロ

ーバル化戦略を展開するようになったのである。

　そして、水平展開型ビジネスモデルでバリューチェーンを築いた欧米企業とのグローバル大競争の新しい、"SCM^(注17)のためのキー・マーケット（Key Market)"が中国であった。中国では、日本に比して、極めて種々のコストが低く生産できるからであった。

　　この中国の"激安"について、筆者（野本）の中国現地視察時の実感を述べよう。中国を訪れて驚くことは、まず物価の安さである。北京の地下鉄はいまだに5～6区間乗車しても、2元（1元＝約15円）、市バスの料金はクーラーが付いている「空調車」タイプは2元、空調なしタイプは1元である。また、タクシーの初乗料金は11元である（2006年までは10元だった）。
　　北京の繁華街に"全聚徳"という北京ダックの老舗があり、学生とともに8名で食事をした。全聚徳は清朝末期の1864年に北京ダック専門店として開業し、以来143年の歴史を誇る。提供する一羽一羽に開業以来何番目の北京ダックなのかを示す、店の歴史も解説した証書を"お客様"に手渡す。この"暖簾企業"、"長寿企業"の全聚徳が、改革開放政策が始まって20年目の1999年に商標登録を行った。全聚徳の社名は、「全世界の徳を集める」という意味である。本店での8名の食事代は、日本であれば1人1万円は下らないと思われたが、総計約500元であった。賃金も安い。こうした老舗の料理長クラスで3,000元程度の月給と聞いた。
　　ちなみに、この北京ダックの老舗は北京市内の天安門広場南側の前門と和平門をはじめ、中国全土に支店を置き、ミャンマー等海外にも進出している。日本では、東京の新宿、銀座に支店を出している。新宿店を訪れ、友人と二人で所定のコースで食事をした。飲み物を含め一人1万円程度の料金であった。
　　なお、中国における株式制度については次章で取り上げるが、全聚徳は、2007年11月20日、中国・深圳株式市場に上場した。外食産業としては中国国内の株式市場で初めて上場を果たした。初日、株価は公募価格に比べ4倍近い上昇をみせた。1日当たりの株価が50％以上上昇した場合、売買を一時停止するという証券取引所の規定に従い、午前9時半に一時取引が中断されるほどだった。16分後に取引が再開された全聚徳株は結局、公募価格（11.39人民元）に比べ271.4％高の42.30人民元で取引を終えた。全聚徳は年間300万羽の北京ダックを販売している。地元紙の京華時報は「飲食業の収益力には限界があるため、株価は上場初日に上がるだけ上がった」と評した。

こうして、日本企業は中国の外資優遇・低コスト活用型国際分業システムを享受した。前述の貿易データの背景には、財務省の指摘の通り、中国を介した国際分業システムがある。

　この国際分業システムはいつまで成り立つのであろうか。中国の経済成長に伴い、所得水準が上がり、巨大な消費財市場が出現しつつある一方、賃金等のコストも上昇している。日本企業は、こうした先行きの中で、どのような戦略対応をしているのであろうか。

　前出のレクサスの販売増加にみられるように、中国は"世界の工場"から"世界の市場"へと変貌を遂げつつある。中国人はいわば「世界の"お客様"」になってきている。"グローバル・エコノミー"という大きな循環において、これまでは、主にアメリカが果たしてきた役割である。

　この新しい世界の"お客様"に向けて、どのようにバリューチェーンあるいはビジネスモデル、さらにはSCMを構築するのかが、次の日本のグローバル企業の極めて重要な課題となった。

　「失われた10年」において、ICT革命を先導し、グローバル化市場で比較優位を構築すべきであった日本の情報通信サービス産業は、グローバリゼーションから目をそらし、内向き志向となった。その典型的な産業は携帯電話端末機産業であろう。日本を代表する携帯電話端末サプライヤーの数社が相次いで中国へ進出したが、残念ながら、そのすべては中国市場から撤退してしまった。携帯電話端末サプライヤーは、中途半端に国内市場が大きいため、日本というローカルな市場での競争に明け暮れた。矢継ぎ早のM＆A[注18]で世界を席巻したNTTドコモは、2000年のネットバブル崩壊で巨額の損失を計上すると、大きく方向を転換した。あえてリスクを取ってグローバル市場に打って出るインセンティブ（誘因）が働かなかった。国内引きこもりである。NTTドコモのようなキャリア（通信事業者）には引きこもって「城を守る」ことができるかもしれないが、道連れになった端末機メーカーは悲惨

第1章　グローバリゼーションと日中企業

であった。NTTドコモも固定電話事業で培った商権をいつまで享受できるかは、心もとない。競合会社が革新的サービスで挑戦してきている。NECやシャープ等の国内端末機メーカーは、キャリアからの絶えざる機種更新や高機能化の要請に応じているうちに体力を消耗し、グローバルなブランド戦略を打ち出せないまま、海外展開の機会を失った。

　この携帯電話端末産業の事例研究は極めて大事である。今後の"モバイル・コミュニケーションの時代"にあって、日本の未来型成長産業のグローバル化戦略に多くのヒントを与えると考えられるからである。少子・高齢化により国内市場が縮小する先行きにあって、日本企業にとっての最大の経営課題はグローバル化戦略である、といってよい。

5. 結び

　冷戦の終結とICT革命を機として、多数・大量の「ヒト、モノ、カネ、情報」が全地球的に移動するようになった。それ以前には、資本主義陣営、社会主義陣営、および非同盟国家群といった思想上の"柵"があった。EU等の地域連合の"柵"と違って、思想上の違いによる世界の分化は、世界をまたぞろ覇権争いの場に変えてしまった。

　中国は毛沢東の共産主義思想に主導され、大躍進政策、企業の国営化、人民公社による生産等、社会主義政策を行った。しかし、失敗であった。路線闘争の末、漸くにして鄧小平により、改革・開放政策に転換された。"クローズドシステム"（閉ざされた社会）が"オープンシステム"（開かれた社会）に変換された。

　一方、日本企業は1985年のプラザ合意以降、急激な円高により、生産拠点を東南アジア等に移した。バブル経済に酔いしれたが、それも破綻。過剰設備、過剰債務、過剰人員のリストラクチャリング等構造改革に追われざるをえなくなった。そしてやっと21世紀に入り、世界のグローバル企業との競争

に前向きに取り組めるようになった。

　凋落した半導体産業の中で2007年3月期には営業利益の大幅増大を果たしたエルピーダ、「技術の日産」といわれた日産自動車の挫折と再興はその典型例であろう。トヨタやホンダのように「失われた10年」においても発展を見せた企業、そして挫折を味わいながらも経営を立て直した企業には、いくつかの共通点がある。最終消費財メーカーにしろ、産業財メーカーにしろ、後述する「長期的革新志向」の「グローバル化戦略」の成功である。

　国内市場の成熟に直面した企業は、世界市場に活路を求めざるをえない。これまで、巨大市場である欧米市場に進出、あるいはそこへの輸出により成長してきた日本企業も、1978年の中国の改革・開放政策への転換、1989年の「ベルリンの壁崩壊」やICT革命によって開かれた新たな巨大市場の動きに前向きに戦略展開するようになった。2002年、漸くにしてリストラクチャリングを終え、2004年には過去最高の経常利益を更新するに至った。この要因の一つが、中国を始めとするエマージング・マーケットにおけるグローバリゼーションであり、この"潮流"に国内市場の成熟化に行き場を失い、欧米企業に先行された日本企業も"乗った"のである。

　今日では、いわゆる「旧共産主義国」のヒト、モノ、カネ、情報が国境を越えて移動するようになり、日本の資本も投資されるようになった結果、日本企業の国際分業ビジネスモデルも"全球的な重層構造"を呈するようになった。

　新興巨大市場の"オープン化"は、尾に付いたばかりで十分ではないが、実証されたのは、理由はともあれ、"改革・開放"の努力を怠る国、そしてグローバリゼーションを機会と捉え、理念・ビジョン・ミッション・戦略のない"内気な引きこもり"企業は衰退するということである。

［注記］
1．所得収支：国際収支統計で使われる経常収支の一つ。日本は「科学技術立国」とともに、「投資立国」を目指しており、その成果を量る重要な指標。国際収支は経常収支、資本収支、外貨準備増減の三つから構成され、うち経常収支は貿易収支、サービス収支、所得収支、計

上移転収支の四つからなる。所得収支は国際間の労働や資本の提供に対する支払いなどの収支のこと。船員などの短期の労働に対する賃金、投資から生まれた利子や配当金などを指す。また投資収益として直接経営参加や技術提携を目的に外国企業の株を買ったりする直接投資利益と利子などを目的に証券を買う証券投資利益がある。投資立国を掲げる日本は、近年、この所得収支が貿易収支を上回るようになってきている。
2．サービス収支：所得収支と同様、経常収支の一つ。居住者と非居住者の間で行われるサービスの収支のこと。輸送・旅行・その他サービス（通信、建設、金融、情報、特許権使用料、文化・興行等）が含まれる。近年、日本のサービス収支は赤字幅が縮小する傾向にある。
3．東北大学・大西仁副総長「グローバル化はどこまで進むのか」講演資料より引用。ISTU（東北大学インターネットスクール）、2002.10.31（於：東京経団連会館）
4．経営学検定試験協議会監修、経営能力開発センター編『経営学検定試験公式テキスト①経営学の基本』、中央経済社、2003年、p.29。
5．鄧小平：1904年、四川省広安県牌坊村生まれ。1920年にフランスに渡り、5年間にわたって働きながら勉強する。この勤工倹学運動で、一時、フランスには数百人の共産党員がおり、党内を本土派・ロシア派・フランス派と分ける見方もある程であった。また、周恩来（1896年～1976年）もフランス留学をしており、鄧小平の最初の結婚の媒酌人も周恩来夫妻であった。鄧小平は終生、周恩来に兄事した。1924年、中国共産党に入党。その生涯は"三下三上"と言われるように、3度の失脚から復活するという波乱万丈の人生であった。（創元社編集部編『最新　中国がわかる本』、創元社、2005年）。
6．共和国：republic．君主をおかず、国家権力の最高機関を国民からの代表によって組織する国家。元々共和主義は、民主主義の原理に基づく統治形態を主張する政治的立場をいい、主権は人民にあり、直接または間接に人民から選ばれた代表者が合議で政治を行う。元首も人民によって選ばれる。
7．毛沢東：1893年、湖南省長沙近くの中農の家庭に生まれる。長沙の中学を卒業後、第一師範学校で学ぶ。この頃、近代のヨーロッパ思想にふれるとともに『新青年』を愛読。1917年、『新青年』の愛読者を中心に「新民学舎」を組織する。1918年から1919年にかけて北京大学図書館の助手をつとめ、ここで館長をしていた李大釗に出会い、影響を受ける。「5・4運動」の際には、「湖南全省学生連合会」を組織し、「湘江評論」を発行する。1921年、当時、第二師範学校長をしていた毛沢東は、中国共産党の創立大会に湖南省の代表として参加。1924年には中国共産党の中央委員に選出される。国共分裂後は井岡山に根拠地を築き、1928年に工農紅軍政治委員、1931年には中華ソビエト政府中央執行委員に就任。1934年、大長征を指揮し陝西省の延安に新根拠地を築く。長征途上の1935年、遵義会議で主導権を確立。そののちは、一貫して抗日戦争を指揮。日本軍敗退後の46年から蒋介石の国民党との内戦にはいり、1949年10月1日、中華人民共和国を樹立。政府主席、革命軍事委員会主席となる。後に文化大革命という大きな過ちをするが、76年、永眠。（創元社編集部編『最新　中国がわかる本』、創元社、2005年）。
8．共産主義：資本主義の生み出す経済的・社会的諸矛盾を、私有財産制の廃止、生産手段および財産の共有・共同管理、計画的な生産と平等な分配によって解消し、平等で調和のとれ

た社会を実現しようとする思想および運動をいう。長らく、社会の発展は、中世の絶対主義体制（身分の支配する社会）から、近代の資本主義体制（資本の支配する社会）を経て、社会主義体制（労働の支配する社会）へと進化すると考えられていた。土地や工場等の生産手段を持つ資本家はますます富み、そうした生産手段を持たず、生活のためにどこかの資本家に雇われるしかない労働者は、職場で自分が生み出したものより遥かに少ない賃金を得て、搾取される。こうした資本主義の矛盾は、必ず労働者の社会改革の運動を促し、新しい社会、すなわち共産主義社会に進化すると考えられた。

9．本項の現代中国史についての記述は、㈱パワートレーディング編『中国進出企業経営戦略ガイドブック』、明日香出版社、2005年。創元社編集部編『中国がわかる本』、創元社、2005年。王敏（Wang Min）著『本当は日本に憧れる中国人—「反日感情」の深層分析—』、PHP研究所、2005年。および㈶日中経済協会『中国経済データハンドブック　*China Economic Data Handbook*　2006年版』を参照した。

10．覇権：supremacy ; hegemony. 覇者としての権力。強国が弱小国を権力で抑えること。1970年に、中国はソ連を社会帝国主義と呼び、その権力外交を中国に押し付けることを覇権主義として批判。その後、覇権とは、大国が権力によって他国に内政干渉、支配、侵略、侮辱をする行為をいうようになった。

11．ブルジョア：bourgeois, 仏語。『広辞苑』には、「①語源的には、ブルク（城郭）内の住民達の意。中世ヨーロッパの都市住民のうち、上層の僧侶・貴族と下層の人民との中間にある中産階級の呼称。市民。町人。②近代社会における資本家階級に属する人。あるいは生産手段を持つ人。⇔プロレタリア。③俗に、金持ちを指していう。［ブルジュア革命］ブルジュアジーの指導する社会革命。封建的諸関係を打破して資本主義的諸関係を確立する革命。フランス革命を初めロシアの三月革命など。［ブルジュア社会］①資本主義制度の社会。②市民社会に同じ。③資産家の社会。」とある。

12．家近亮子・唐亮・松田康博編『5分野から読み解く現代中国—歴史・政治・経済・社会・外交—』、晃洋書房、2005年、pp.136—137。

13．郷鎮企業：行政区上の農村部にある非国営企業を指す。元来は農村の人民公社と生産大隊の2階級の集団経済部門が運営する社隊企業を指したが、農村の行政管理体制が分離した後は、村営企業のほか、組営、聯戸営、個人経営起業を含み、1984年から郷鎮企業と総称する。生産手段と販売ルートを国に依存しない市場経済の担い手として、農民の収入増、農村就業人口吸収に成果をあげた。目下の課題は、①エネルギー、資金、物流の逼迫問題、②低水準の重複建設問題、③製品のグレードが低い、④労働者不足、⑤地域格差（内陸部の郷鎮企業の成長が遅い）など。05年はGDP 4兆6,600億元（全国の26%、前年比11.4%増）、工業付加価値3兆3,200億元（全国工業の43%、前年比13%増）、サービス産業付加価値1兆200億元（全国サービスの13%、前年比10.6%増）、従業員数1億4,000万人。04年の企業数は2,213万社。（出所：原典『中国農業年鑑』、2005年版、p.226。財団法人 日中経済協会編『中国経済データハンドブック』、2006年版、p.69）。

14．レクサス：1989年、アメリカで発売されたトヨタ自動車の高級セダン車。ボブ・スリーヴァは『レクサスが一番になった理由』（小学館、2005年）の中で、なぜ、レクサスがアメリカ

市場で受容されたかについて、PC：Politically Correct（世の中に対する考え方・立場の意味）という言葉で説明している。「…ビッグスリーはいくらガソリンが高くなり、汚染が社会的な問題になっても、おもに大型のクルマをつくり続けていた。それに対して、効率が良くガソリンをあまり消費しない日本車はその時代にPCであった。つまり当時のアメリカでは、日本車を買うことは反主流派宣言という意味があったわけである。」と解説している。このトヨタの「プレミアム・ブランド」が中国市場でどう受容されるか、注視しておきたい。

15. プラザ合意：Plaza Accord. 1985年、ニューヨークのプラザホテルで開かれたG5での合意。アメリカの巨額の貿易赤字を主とする世界の貿易不均衡を解消するため、国際基軸通貨ドルに対して、参加各国の通貨を一律10〜20%切り下げることを申し合わせた。参加各国は外国為替市場で協調介入し日本円は円高に誘導された。

16. リストラクチャリング：restructuring、企業が資産を再構築すること。略して「リストラ」といわれる。環境の変化に適応するため、時として企業は資産の構成を変える、すなわち不採算部門からの撤退や新規成長事業への参入等、改革をしなければならない。一般に「人員整理や解雇」の意味で捉えられるが、これは狭義。

17. SCM：supply chain management、サプライチェーン・マネジメント、ある製品が顧客に提供されるまでの過程には、原材料供給者、物流業者、小売業者などの種々の企業や人々が関与している。他方、市場競争が激化する今日、冗費の削減に加え、他社よりも早く、かつ安く顧客ニーズに対処することが求められている。これを実現するための経営手法。つまり、製品提供に関与する企業や人々を一体化し、企業の壁を越えて顧客情報などを共有することで顧客満足度を追求する手法をいう。

18. M＆A：Mergers and Acquisitions、企業の合併と買収。広義には、株式の持ち合いや合弁会社の設立などを含めた、資本の移動をともなう提携をいう。狭義には、合併と買収の2つを意味する。M＆Aの件数は、次第に増加している。さらにM＆Aを後押しする法律的な整備も行われている。商法関連では、1997年に「合併手続きの簡素化」、1999年に「株式交換制度の導入」、2001年に「企業分割法制の導入」、独占禁止法では、1997年に「純粋持ち株会社の解禁」、1999年に「合併等届出制度の簡略化」などが行われた。

［参考文献］

1．日本経営学会編『経営学論集74集　グローバリゼーションと現代企業経営』、千倉書房、2004年。
2．家近亮子・唐亮・松田康博編『5分野から読み解く　現代中国―歴史・政治・経済・社会・外交―』、晃洋書房、2005年。
3．矢吹晋著『図説　中国の経済』、蒼蒼社、1992年。
4．創元社編集部編『最新　中国がわかる本』、創元社、2005年。
5．周国強著、筧武雄・加藤昌弘訳『現地赴任、中国進出に欠かせない　中国年中行事　冠婚葬祭事典』、明日香出版社、2003年。

6．小島明著『グローバリゼーション―世界経済の統合と協調―』、中央公論社、1990年。

7．下川浩一著『失われた十年は乗り越えられたか―日本的経営の再検証―』、中央公論新社、2006年。

8．関満博著『アジア新時代の日本企業―中国に展開する雄飛型企業―』、中央公論新社、1999年。

9．Elliott Ettenberg, *The Next Economy*, The McGraw-Hill Companies,Inc.,2002.
エリオット・エッテンバーグ著、村田昭治監訳、杉原素明訳『ネクストエコノミー』、東急エージェンシー、2002年。

10．㈱チャイナワーク編『中国投資　マーケティング戦略マップ』、明日香出版、2002年。

column もし世界が100人の村だったら

　本書第1章で述べた「グローバリゼーション」に関連して、何かコラムを、と考えていましたら、ふと『もし世界が100人の村だったら』が思い浮かびました。この世界の"縮図"は、「作者不詳」で世界中に流布しているようですが、日本語版の訳者の一人、中野裕弓氏によると、前半部分はDonella Meadowsという人の"*The Global Citizen*", 5/31/1990掲載原稿が原本だということです。中野氏訳のもの（表記法は若干本書に合わせ編集を変えています）を次に掲げてみましょう。

　もし、現在の人類統計比率をきちんと盛り込んで、全世界を100人の村に縮小するとどうなるでしょう。その村には、57人のアジア人、21人のヨーロッパ人、14人の南北アメリカ人、8人のアフリカ人がいます。52人が女性で、48人が男性です。70人が有色人種で、30人が白人です。70人がキリスト教以外の人で、30人がキリスト教、89人が異性愛者で11人が同性愛者です。
　6人が全世界の富の59%を所有し、その6人ともがアメリカ国籍です。80人は標準以下の居住環境に住み、70人は文字が読めません。50人は栄養失調に苦しみ、1人が瀕死の状態にあり、1人は今、生まれようとしています。1人は（そうたった1人）は大学の教育を受け、そしてたった1人だけがコンピューターを所有しています。
　もしこのように、縮小された全体図から私達の世界を見るなら、相手をあるがままに受け入れること、自分と違う人を理解すること、そして、そういう事実を知るための教育がいかに必要かは火をみるよりあきらかです。
　また、次のような視点からもじっくり考えてみましょう。
　もし、あなたが今朝、目が覚めた時、病気でなく健康だなと感じること

ができたなら、あなたは今いきのこることのできないであろう100万人の人たちより恵まれています。

　もしあなたが戦いの危険や、投獄される孤独や苦悩、あるいは飢えの悲痛を一度も体験したことがないのなら、あなたは世界の5億人の人たちより恵まれています。

　もしあなたがしつこく苦しめられることや、逮捕、拷問または死の恐怖を感じることなしに教会のミサに行くことができるなら、あなたは世界の30億人のひとたちより恵まれています。

　もし冷蔵庫に食料があり、着る服があり、頭の上に屋根があり、寝る場所があるのなら、あなたは世界の75％の人たちより裕福で恵まれています。

　もし銀行に預金があり、お財布にお金があり、家のどこかに小銭が入った入れ物があるなら、あなたはこの世界の中でもっとも裕福な上位8％のうちのひとりです。

　もしあなたの両親がともに健在で、そして二人がまだ一緒なら、それはとても稀なことです。

　もしこのメッセージを読むことができるなら、あなたはこの瞬間2倍の祝福をうけるでしょう。なぜなら、あなたの事を思ってこれを伝えている誰かがいて、その上あなたはまったく文字の読めない世界中の20億の人々よりずっと恵まれているからです。

　昔の人がこう言いました。わが身から出るものはいずれ我が身に戻り来る、と。

　お金に執着することなく、喜んで働きましょう。

　かつて一度も傷ついたことがないかのごとく、人を愛しましょう。

　誰もみていないかのごとく自由に踊りましょう。

　誰も聞いていないかのごとくのびやかに歌いましょう。

　あたかもここが地上の天国であるかのように生きていきましょう。

　今この世界に必要なのは？　この答えは中野氏によれば、前半の原文にあり、「Acceptance（受容）、Understanding（理解）、Education（教育）」です。

第2章
グローバリゼーションの内実
The inside of Globalization

上海浦東新区の一角（賈 雪梅撮影）

要旨

　前章で述べたように、グローバリゼーションが進展しているが、何が世界の多くの経済社会をどのように均質化しているのか、換言すれば、発展途上の経済社会に受容される、特に旧共産主義諸国に受容されるグローバル・スタンダード（global standard：世界標準）とは何か、グローバリゼーションの内実を問うと、それは資本主義的要素が世界大で拡がり、世界の多くの社会を資本主義社会に均質化している、といえる。すなわち、今次の真義のグローバリゼーションとは、経済の視点からいえば、世界大での資本主義化に外ならない。

　この世界大で多くの経済社会を均質化している資本主義的要素とは、一つは「株式制度」（「株主」、「出資上の有限責任制」、「自由な株式売買市場」等）であり、二つは「専門経営者」である。後者は、今次のグローバリゼーションを推進する主体であり、大規模化し、グローバル市場で戦略展開する企業については、グローバル市場における戦略的な比較優位構築の使命（Mission）を帯びた「プロフェショナル（professional）」という性格をもつ。

　これらの要素を内包した資本主義は今日、経営者資本主義に進化している。専門経営者が支配する資本は効果的・効率的に活用されて、ますます海外にも増殖＊していく。（本書では、地球大で活動する企業を「グローバル企業（global corporation）」と呼ぶ）。

　＊「増殖」とは、生物学用語では「個体・組織・細胞などあらゆる段階で起こる、量的拡大」をいう。

　グローバル企業は、巨大化するに伴い、小国の影響力を超える程の影響力をもつ。世界の多くの経済社会を均質化させるとともに、他面においては進出国の情況に合わせた経営を行う。換言すれば、

その経営は世界的な統一性を保ちつつも、いわば「経営のグローカリゼーション^(注1)」というべき地域化・現地化が図られる。

イギリス、ドイツ、アメリカ、日本等の先進的な経営者資本主義社会の間には、同じ経営者資本主義といっても、異同がある。その違いを生み出すものは、専門経営者と株主との"関係性"にある。とりわけ、株主に対する見方・考え方（その根底にあるのは「精神文化」、「価値観」）にあり、大きくは、英米型と日独型にモデル化される。

中国、ロシア、インド、ブラジル等の大国の経済社会がどのような資本主義に進化するかは、世界的に研究されなければならない経済学の重大な問題である。今後の世界各国の経済的繁栄にとって重大な影響を及ぼすからである。

中国では前章でみたように、株式会社制度が導入され、その資本主義的要素により、他の先進資本主義社会との均質化が進んでいる。そうした中国に外国資本が国境を越える、すなわち直接投資^(注2)が行われる。このことがまた、中国の企業活動のあり方や経済システムの修正を迫る力ともなる。中国内の株価に影響を及ぼす。また、その競争環境や雇用のあり方に変化をもたらす。億単位もの農民の離農を促し、共同体的な地域社会から工業都市に移住することによって人々の心理を変容し、ライフスタイルを変える。グローバルな活動に直接携わっていない企業や個人にも様々な影響を及ぼす。

Key Words
グローバル・スタンダード　株式　有限責任　自由な株式売買
専門経営者　経営者資本主義のグローカリゼーション

1. まえがき
―何が、世界の多くの経済社会を均質化させているのか？―

　グローバリゼーションの内実は、とみると、経済体制の世界大の均質化という側面が注目される。すなわち社会主義を標榜していながら、外資に対する改革・開放の市場主義経済へ転換した中国、社会主義体制が崩壊した旧ソビエト連邦諸国および東欧諸国に資本主義体制が拡大した、といえる。

　これらの国は近年まで、経済体制は歴史的に、中世の絶対主義体制（身分の支配する体制）を克服して、資本主義体制（資本の支配する体制）に移行、さらには社会主義体制（労働の支配する体制）になる、あるいはなるべきだ、と考えていた。国際政治的には、東西冷戦の状況であった。しかし、中国は1978年以降、統制経済社会を改革・開放し始め、1989年の"ベルリンの壁"の崩壊に象徴される冷戦の終結により、ソ連は崩壊し、それに伴い東欧社会主義体制も崩壊した。そこではまた、前向きに資本主義が模索され始めた。この資本主義であるが、まず「資本（capital）」とは、次のように概念規定される。

[A] 土地（自然資源）・労働とならぶ重要な生産要素。天賦の経済資源である土地・労働が本源的生産要素といわれるのに対し、資本は生産された生産手段であり、過去の生産活動が生みだした生産物のストックである。資本の大部分は工場・機械など生産設備の形をとり、一部は製品・原材料・仕掛品などの在庫の形あるいは住宅の形をとる。
[B] 商業・会計用語としては、企業の資産総額を意味し、有形固定資産である資本財だけでなく、商標・営業権・特許権など無形固定資産をも含むものと解される。
[C] マルクス経済学では価値増殖を行う価値の運動体を資本と定義している[注3]。

　上記に示すように、資本とは「生産手段」あるいは「資産総額」である。その効率性がまさに問題であり、時に、将来的に利益を生まない資産あるいは遊休資産の処分、現有資産の再構築、資産の増強が計られて、経済社会は革新的に発展してゆく。

（日本企業は投資効率の低い土地・建物、投資有価証券、労働力を多く抱えてきたが、バブル経済崩壊後、それらのリストラクチャリングが進められた。日本でも、「動的資本」しかも「自己資本」こそ、真の資本である、との意識変容が次第に進んできた）。

さて、こうした資本が支配する社会が、まさに資本主義社会であるが、同じ資本主義といっても多様である。中国は実質のところ、どのような資本主義社会に変質していっているのか。そこで、基本的に中国を含めた旧共産主義諸国に浸透する資本主義的要素とは何か、また戦後、世界を主導してきたアメリカ資本主義等、先進各国の資本主義とはどのようなものか、みてみよう。

2. 「資本主義」というグローバル・スタンダード
――グローバル化する資本主義的要素とは何か――

(1) 「株式制度」という資本主義の制度的要素

　企業の海外進出は近年の出来事ではない。国際的な直接投資は古くからあった。この会社の海外進出を「世界史」にみると、16世紀から17世紀にかけて「特許会社」が生まれた。オランダ東インド会社やイギリス東インド会社といった会社である。ジョン・ミクルスウェイトとエイドリアン・ウールドリッジ（2003年）は、特許会社について次のように述べている。

　　「(特許会社とは)、コロンブス（1451～1506）やマゼラン（1480頃～1521）やヴァスコ・ダ・ガマ（1469頃～1524）が発見した富を、政府と商人が共同で獲得しようとして設立されたものだ。いずれも、世界の特定の地域と独占的に貿易する特許状を国王から与えられた幸運な会社で、言い換えれば公共部門と民間部門にまたがる存在だった。
　　特許会社は、特許状に加えて、中世から引き継いだ二つの概念に基づいている。その一つは、自由市場で売買可能な株式という概念だ。事業体の株式を売り出すという発想は、少なくとも13世紀にまでさかのぼることができる。

ヨーロッパのいたるところで、鉱山や船の株式が売りに出されていた。(中略)。この概念は、16世紀から17世紀にかけての海軍主導型資本主義によって急速に普及し、その結果、株式市場が誕生した。もう一つは、それ以前にも時々見られた、有限責任という概念だ。植民地化には非常に大きなリスクが伴うため、多額の資金を調達しようとすれば、そうやって投資家を保護することが不可欠だった(注4)」。

　特許会社が中世から引き継いだ二つの概念、すなわち「自由市場で売買可能な株式」および「有限責任」という概念は、その後、株式会社を発展させ、資本主義の"原動力"となっていく。そこで、改めて「株式」、「有限責任」および「株式市場」の起因について考えてみよう。

　国や地方政府の"拠出資本"で運営される「国有」あるいは「公有」企業が「民営」化されるということは、新規の資本が「民間」から調達されなければならないことを意味する。そうした場合、どのように民間セクターから資本調達するか、が問題となる。つまり、"拠出資本"を超えて、新たに研究開発をしたり、工場を建てたり、機械設備を導入しようとすると、資金調達が必要となる。銀行等の金融機関（以下、「銀行等」という）から借り入れることができる（日本では、今日でこそ、ベンチャー企業育成の機運が高まり、一般の社会心理も新規事業に好意的なものになりつつあるが、実績のない、信用のない新興企業にはお金を貸さない風潮がある。このことは新規の取引がなかなか進まないことにも通ずる。実績主義であり、また"よそ者"を警戒する意識が根強い）が、これは他人資本である。

　銀行等は、国民大衆の大切なお金を預かっているから、監督官庁も認可や行政指導については規制を強める。通常、銀行等からの借入れは高金利で、しかも担保や保証がなければならないであろう。銀行等は、リスクの大きい事業には投資したがらない。

　そうした中、リスクは大きいが、成功すれば利益も大きいという事業に乗り出すには、特許会社のリスクの大きい植民地事業の資本調達のように、リスクを負ってくれる（責任をとってくれる）人が必要となる。

そこで、生まれたのが「株式」である。株式を買ってもらい、出資してもらう。しかし、事業が上手くいくとは限らない。多額の債務を負うかもしれない。ここに、負った債務は上限を設けず、限りなく返済責任を果たさなければならないという「無限責任」ではなく、自分の出資額を限度にリスクをとるという意味の「有限責任」制が生まれる。

また、自分が期待したほど収益を生まない、あるいは急にお金が必要になるかもしれない。そこで、「株式を自由に売買できる市場」も要請される。

ここで、これら経済的論理とともに本書が重視している精神的文化の面について若干言及しておきたい。

カール・マルクス（Karl Marx）と並び評される社会科学の重鎮、マックス・ヴェーバー（Max Weber）の有名な「プロテスタンティズムの倫理と資本主義の『精神』」では、信仰する宗教と所得の関連が問題とされ、最も所得の高いのはプロテスタントの人々であることが見出された。その研究書、大塚久雄著『大塚久雄著作集第9巻―社会科学の方法―』（岩波書店、1973年、p.135）には、次のように解説されている。

「近代ヨーロッパにおける資本主義文化が生まれ出るにさいして精神的な原動力になったエートス（思想的雰囲気）が、「資本主義の『精神』」と呼ばれるものなのですが、そうしたエートスが現われるについて、禁欲的プロテスタンティズムの倫理（エートス）があずかって大いに力があった。…、この論文には、ひじょうに多くの批判や反対がごうごうとして起こった。それがいまだに続いていると言ってもよいでしょう」。

ヴェーバー論文への批判は、それが"観念的"だ、という点である。しかし、資本主義文化が生まれる"精神的支柱"あるいは"土壌"への洞察がなければ、偏った見方、すなわち経済合理的な説明に止まり、人間、そしてその社会の心理的側面を無視することとなり、不十分な説明にならないか。筆者らは、企業の意識的経営現象を説明するに当たって、日中企業の経営文化、しかもその精神的文化を問題にしているわけであるが、それだけで十全な説

明ができるとは思っていない。政治的、経済的利害情況もあり、それらの視点も加えて複眼的に、そうした"精神―心―"と物質的利害の双方から接近していきたい、と考えているわけである。

そもそも社会側の条件を整えても、人間の側の動機が活性化されなければ、なかなか"経済開発の離陸"が進まない。世界に今も多数存在する極貧国の経済開発の根本問題である。

したがって、人間の側の資本蓄積の禁欲的精神、そして社会の側の自由、公正、平等の制度（経済的には、株式、有限責任、自由に売買できる株式市場）が相俟って、イギリスは"七つの海を支配する"といわれるまでの世界の大国になった、のではないか。しかも、この説明で忘れてはならない点は、数多い海外植民地からの労働と商材の収奪による資本の蓄積（動因・機会）であった点である。

さらに大事な点は、今日では、そうして植民地であった国々、しかも思想的に資本主義を一度は忌避した国々が漸くにして、資本主義的エートス、経済的諸制度、グローバリゼーションという動因・機会・刺激を受容し活かして、経済開発のステージに入った、経済発展のステージを歩み始めた、ということである。

さて、また株式制度の問題に戻ろう。前述のように、「有限責任」および「売買自由な株式市場」という資本主義的要素は、株式会社への投資を容易にし、その大規模化を可能とした。そのために設立された証券取引所は、今日では、国民の資金運用の場となった。
(特にアメリカでは、国民の株式への投資意欲は強い。日本では、未だ余裕資金は銀行に預けるのが一般的であるが、近年、株式やそれが組み入れられた投資信託等預金以外の金融商品に運用する人が増える傾向にある)。

こうした資本主義的要素が世界大で拡大した結果として、それが各国経済に根付き、株式資本主義文化が"開化"し、人々の心理を変容させ、ライフスタイルも株式資本主義的なものに変化させている。

(2) 「専門経営者」という資本主義の人的要素

　新興企業が成功を収めて、株式の上場が可能となれば（上場会社となることができれば）、その会社の成長性が期待されて、巨額の資金を集めることができる。それを効率的・収益的に活用し、株主に報いるのは、誰なのか。

　経営理念、ビジョン、ミッション、戦略を構想し、ビジネス・マネジメントに精通した「専門経営者」である。（「実践経営学」のいういわゆる「経営美」は極められて、今、世界大で競われている）。

　なぜ、いわゆる「資本家」ではなく、「専門経営者」が資本主義を掌る階級となってきたのか。

　前述のとおり、「有限責任」と「株式の自由売買」という制度がつくられたことによって、株式会社は飛躍的に発展したが、その後この株式は広く一般投資家まで分散、所有されることとなった。初期資本主義の資本家兼企業家層は、その資本支配力を相対的に失っていくこととなる。

　バーリ（Berle, A.A）とミーンズ（Means G.C）は、1930年当時のアメリカの金融企業を除く200社の巨大企業の実証研究によって、企業規模が拡大し、所要資金が増大すると、多数の出資者による株式会社制度が発展し、投資の保全と利益配分にのみ関心をもつ「無機能株主」が増加し、彼らは経営を「専門経営者」に委託するようになる現象を調査により明らかにした。

　株式会社の所有者でない専門経営者が、株主の支配から脱して、自立性を高めることが「所有と経営の分離」と呼ばれる現象である[注5]。

　日本においても、株式会社の所有と支配あるいは経営は、古典的企業にみられた企業家あるいは資本家という同一人物の手にあることが次第に少なくなり、事業者、銀行、個人、外国人等と、株式所有者は広く分散している。

　（心理学的に付言すれば、株主の投資動機は「自己資金の保全と利殖」であるが、実際の市場取引においてその行動は「市場心理」に左右される。また、日本企業にみられる「持合い株主」（企業間、たとえばメーカーと銀行が株を持合う）は、投資資金の"リターン"を強くいわない）。

所有と支配、所有と経営の分離によって、株式会社の支配は、取締役会（または過半数の取締役）を選出する実際的権限をもった個人または集団に移ると考えられるが、今日、ますます複雑化・高度化する大会社の経営は、専門経営者に委ねられ、オペレーショナルなベースで経営の支配力をもつのは、専門経営者である。
　日本企業の場合、この「経営者支配（management control）」とは、具体的には、設立・合併・解散・最高人事のような企業存立に係る重要事項の最終決定（会社法上は株主総会）を左右し、経営行動の核となる全体的・基本的・戦略的・長期的・政策的な意思決定を左右する支配力であって、実質上、内部昇格の経営者が握っている。

（日本の上場会社の約6割の経営者は内部昇格。社外取締役も少ない。ただ、2005年3月7日、ソニーはウェールズ出身のハワード・ストリンガー（Howard Stringer）氏を最高経営責任者に任じる人事を発表した。日本の大手エレクトロニクス会社の最高経営責任者に外国人が就任したのは初めてである。一方、トヨタは2007年9月14日付けで、北米トヨタ社長（本社専務取締役）のジム・プレス（Jim Press）氏の退任を発表した。プレス氏は、クライスラーグループの社長兼副会長に引き抜かれたのである。高い生産性、利益率、顧客満足度を誇るトヨタの役員は、苦境にあるビッグ3にとって欲しい専門経営者なのであろう。この人事におけるアメリカ人経営者の行動は、日本人にとっては驚きであり、アメリカ人にとっては"よくあること"である。こうした事例に潜むアメリカ人経営者の心理、転職の文化は、日本とは全く異質である）。

　ところで、資本主義か社会主義かの論争の中で、資本主義に続く社会は、社会主義社会ではなく、現代経済社会においてきわめて重要な役割である管理機能を担当する専門経営者層が事実上支配階級として君臨する経営者社会であるとしたのが、J.バーナムの『経営者革命』[注6]である。その一節を引用してみよう。

　〈… 経営者革命の諸要素の多くは、すでにマックス・ヴェーバー、ヴィルフイド・パレート、アドルフ・バーリおよびミーンズ両氏（『近代会社と私有財産』の共著者）、ロマンテックなアナーキストであるマ

カイスキー、およびエクセントリックなもとトロキストたるブルーノ・リッチが取り扱ってはいるが、『経営者革命』は、資本主義か、然らざれば社会主義かという二者択一に深く切り込んだ、現代に関する一理論をはじめて全面的に展開叙述したものであった。(中略)。『経営者革命』の初版出版以来今日までに、ときに往々用語こそ異なれ、同様の見解が多くの著者によって発表されてきた。アメリカおよび西欧において、経済面の会社およびカルテル組織の現代のタイプや、「混合経済」、「福祉経済」、「国家資本主義」、「官僚制的集権主義」(ソビエト政権のある分析に用いられている用語)、さらに「新しいエリート」ないしは「パワー・エリート」の議論が行われているが、これらはいずれも経営者革命の理論のなかで強調された現象を取り扱っている。(中略)。事実、世界を通じて、消息に通じ、かつ思慮に富む人びとは、二重の理解に到達した。つまり第一は、われわれが西欧世界の18世紀および19世紀から導き出した伝統的な意味でいうような資本主義の時代は、いまや終焉に近づきつつあること、あるいはもはやすでに終わってしまったかもしれないことである〉。

資本は経営者が支配している、したがって、今日の経済社会は経営者が支配する社会、すなわち経営者社会である、というのがバーナムの見方である。それでは、その経営者が支配し、経営する「経営者支配企業」の行動様式とはどのようなものか。この問題に取り組んだのが、ロビン・マリス（Robin Marris）である。マリスは経営者資本主義を次のように規定する。

「経営者資本主義は20世紀中葉における北アメリカおよび西ヨーロッパの経済制度、すなわち生産が大株式会社の手に集中している制度に対する名前である。経済活動の多くの分野で、古典的企業者は事実上姿を消してしまった。……その結果、現代大企業（corporation）において企業者職能は卓越した経営者（transcendent management）に引き渡されており、彼らの職能は伝統的な下役（subordinate）、あるいは『単なる経営者』の職能とは種類の違うものである[注7]」。

マリスは、経営者（management）を取締役（director）と上級経営担当者（senior executive）として規定しているが、かれらはかなり広範囲な行動の自由をもつ、とみる。経営者とは具体的にどの株式会社の組織上の機関を指すのか、という問題は、資本主義の発展段階、あるいは経営者資本主義の内実をみる場合には、基本的に考察しておかなければならない問題である。取締役会なのか、日本のように取締役会が形骸化している国では指名委員会（委員会設置会社）なのか、常務会なのか。本書では、「最高経営責任者・最高執行責任者（CEO：Chief Executive Officer・COO：Chief Operative Officer）」を考える。ただ、日本では、経営者はより「集団」である、とみるべきであろう。中国の企業統治を分析する場合、この問題は重要である。

　さて、経営者が自由な行動範囲の中でどのような企業経営を行うか、については、まず、経営者自身の動機あるいは効用を明らかにし、次にその動機がどのような経営戦略として現れているのかを明らかにする、というアプローチも有用であろう。マリスは、経営者の動機が単に安全性ばかりにあるのではなく、企業成長すなわち総資産成長率の増大にもあると主張し、これを心理的、社会的、経済的動機の3点から論じた。

　うち、経営者の心理的動機とは、「個人の内的な欲求と衝動」を問題とするものである。まず成功せる経営者には成功に対する強い衝動（strong drive towards achievement）があることがインタビュー調査から明らかだ、という。そして、この衝動は一企業内での昇進あるいは企業内の移動によって部分的に満たされるが、トップに近づき他産業への移動が容易でない場合には、ただ企業規模を増大させることにより満たされうるのであり、それゆえ、企業規模増大政策を生ぜしめる[注8]、という。

（アメリカのCEOの報酬の大きさに日本人は驚く。正確なデータはないが、一流大会社ともなれば、日本円で年収10億円を超える、という。日本では、一流大会社といえども、ごく一部の外資系あるいはアメリカ流の経営を標榜する一部大企業を除き、数千万円であろう。また、アメリカのCEOはよく変わる。この事実は、本当にアメリカは経営者資本主義なのか？、という問題を提起する。本書の見方は、後述するが、アメリカ企業の場合、資本は実質のところ、株主資本主義文化のエートスの中で株主利益を代弁する取締役会（社外取締役が相当数いる）に掌握され、経営

者はまさに委任された専門経営者であり、その行動原理は一般に指摘されるように、「株主資本利益率の極大化」あるいは「企業価値極大化」とみる。専門経営者の意識は、"利益を上げなければ、株価を上げなければ、配当を上げなければ"という短期的利益志向にある。

　大会社の「所有者」、「支配者」および「経営者」の3者の関係、あるいは「株主代弁者」と「経営者」の関係性は、国によって"濃度"が違う。いえることは、大株主が経営者を兼ねる時代は去り、趨勢ではなくなり、他人資本にしろ、自己資本にしろ、また内部昇格にしろ、外部からヘッドハンティングされるにしろ、投下された経営資産は経営を専門的に行う"プロフェショナル"に委ねられていくだろう、ということである)。

　今日、ますます経営規模が拡大し、グローバル・メガコンペティションに直面している企業にあっては、経営者とは「グローバル市場における戦略的な比較優位構築の使命（Mission）」を帯び、自らもその使命に意欲をもつ「プロフェショナル（professional）」である。

　経営学史上、人間の合理的行動の前段階に意思決定過程があり、これを人間モデルとして明示したのはバーナード（C.I.Barnard）理論である。それを引き継いだのがサイモン（H.A.Simon）である。バーナード・サイモン理論によって開拓された組織的意思決定論は「限定された合理性」（bounded rationality）の概念を基礎とする。それは経済学的意思決定論で前提とされている「客観的合理性」を否定し、人間の認知能力、情報処理能力、問題解決能力、評価能力は不完全であり、極大水準ではなく、「満足水準」によって決定される、いうより現実に近い人間モデルである。サイモンはこのような人間モデルを「経済人」に代えて「経営人」（administrative man）と呼んでいる。

　企業価値が市場で評価され、多くの資金を集めることのできる株式会社が優秀な専門経営者を得て、効率的に投資が行われ、「規模の経済」と「範囲の経済」を追い求める。規模の経済とは、資本の論理の一つで大量に生産すればするほど、大量に販売すればするほど、一個当たりのコストは逓減するという原則である。また、範囲の経済とは既存の経営資源とのシナジー（相乗効果）を活用することである。これにより、費用を抑えながら「革新」の

成長戦略を描くことができる。規模の経済性と範囲の経済性を発揮して、株式会社は大規模化し、多くの事業を抱えつつ、それらを改編しつつ世界大で"増殖"してゆく。アメリカのビジネス社会はその極致（この上もないおもむき）といってよいだろう。

　本書では、そうした経営者の動機は、"利益"を上げたい、という経済的動機のみならず、その属する社会のエートス・情況によって規定される"内外の要請"に応え、企業規模を増大させたい、という動機を重視している。

3. 経営者資本主義のグローカリゼーション
―なぜ、アメリカの経営者資本主義は隆盛なのか？―

　一口に資本主義といっても、各国それぞれの特質を備えている。たとえば、チャールズ・ハムデン-ターナーとアルフォンス・トロンペナールスは『七つの資本主義（The Seven Cultures of Capitalism）』において七つの資本主義[注9]を、ロナルド・ドーアは『日本型資本主義と市場主義の衝突―日・独対アングロサクソン（Stock Market Capitalism：Welfare Capitalism）』において二つの資本主義のタイプ[注10]を挙げている。

　前述のように、中国、旧ソ連の諸国、東欧諸国等の旧共産主義国が実のところ、どのような資本主義になるのか、は重要な問題である。今のところ、「ヒト、モノ、カネおよび情報が国境を越えて移動した結果、資本主義化が世界大で進んでいる」といえるが、その資本主義化は各国によっていろいろな様相を呈している。つまり、資本主義の地球大の展開においては、要素は同じであるものの、各国の情況（政治的状況、文化等）に合わせて展開されている、とみるべきであろう。第1章で述べたように、現在はグローバリゼーションを前提とした地域主義、二国間主義、地方分権などの秩序が多層化している。

　本書では、こうした資本主義の現地情況への適応（現地化）を「資本主義のグローカリゼーション」と呼ぶ。

　すなわち、今日的な新興の資本主義国のそれを、極論すれば、たとえばロ

シアは今のところ、「資源」を資本とする国家資本主義であり、過渡的な"ビックバン"［big bang：物事が根本から生まれ変わるような大変革。『日経新聞を読むためのカタカナ語辞典』（改訂版）より。］型資本主義である。栢（2007年）は、ロシアは1990年代の大混乱を乗り越え、欧米を模倣する時代から、ロシア的な市場経済化を模索する時代に入った、という。それはソ連時代への回帰ではなく、ロシアの現実と風土にあった形に修正する動きである、と位置付ける。石油や天然ガスなど資源の国家管理に代表される「ロシア的な市場経済化」は、日本人や欧米人には異質に映るであろう。経済路線の転換点になった大手石油会社ユーコスのトップ、ミハイル・ホドルコフスキー氏の衝撃的な逮捕・投獄は乱暴な"修正"であった。

20世紀末の中国はこれまでみてきたように、"開国"による「外国資本」を資本とする国家資本主義であり、今日でも政経合体型資本主義といってよい。

さて問題は、資本主義的要素がグローバリゼーションを促進しており、今日のそれは株式資本主義・経営者資本主義的要素であり、さらにそれは各国において多様な展開をみせている、とみているわけであるが、それら資本主義のグローカリゼーションは主要国においてどのように展開され、そこでの異同はなぜ起こるのか。換言すれば、ヨーロッパで芽生えた株式会社制度が各国で取り入れられたものの、その後どのように各国の情況に応じて展開されたのか、その異同はどこから生じているのか、という問題である。

そこで、資本主義のグローバリゼーション、とりわけそれが進化した経営者資本主義の"旗手"ともいうべき株式会社の大規模化の情況をみよう。なぜなら、経営者資本主義の高次の発展段階は、大規模化志向の心理にある専門経営者のあくなき「大規模化」の先にあり、市場構造の発展としては寡占構造となる。寡占は株式会社の大規模化によってもたらせられる。つまり、経営者資本主義の異同はその先端部、大株式会社の在りかたに結実する、と考えられる。まず、世界最大級の株式会社がいくつも出現したアメリカからみよう。

アメリカでは、20世紀以降、資本主義的要素である「有限責任」・「自由で売買可能な株式市場」・「専門経営者」という要素が広く普及し、株式会社の大規模化がみられた。シアーズ・ローバック、ノーザン・パシフィック鉄道、USスチール、フォード、GM（ゼネラル・モーターズ）、アメリカン・タバコ、GE（ゼネラル・エレクトロニック）、スタンダード・オイル等の会社である。今日でも後掲するように、グローバルに事業を展開し、圧倒的な影響力を発揮している。なぜ、アメリカ企業は大規模化したのか、圧倒的に世界での存在感を示しているのか。この要因は、イギリス等当時の先進国における株式会社の大規模化を巡る状況と比較すると、浮かび上がる。

　前述の「特許会社」の解説で引用したが、ジョン・ミクルスウェイトとエイドリアン・ウールドリッジ（2003年）は、各国の株式会社発展の異同も解説している。ここでも引用して、まずイギリスについてその情況をみよう。
　イギリスでは、アメリカの会社に比べて、大規模化は進まなかった。たとえば1900年時点で、イギリスの鉱工業生産高に占める大企業上位100社の割合はわずか15%にすぎなかった。なぜ、産業革命や株式会社の制度化で先行したイギリスは、大規模化に遅れたのか。ジョン・ミクルスウェイトとエイドリアン・ウールドリッジは次の二つの要因を挙げている。

A．同族企業と個人的経営への執着
　イギリスの企業家は、アメリカの企業家が専門経営者を受入れたあとも長年にわたり、個人的経営にこだわった。イギリスでは、第2次世界大戦の頃になっても、創業一族が経営する会社が驚くほど多かった。これら創業一族は、重大な意思決定はあくまで社内で行うことにこだわり、ぎりぎりの局面を迎えて初めて専門経営者の助けを求めるのが常だった。アメリカの大企業では当たり前の詳しい組織図やマニュアルは、同族企業では見向きもされなかった。その代わりに、人間関係と一族の伝統に頼った経営が行われていた。

B．産業資本主義に対するイギリス人の偏見
　アメリカの産業資本家にとって、会社はそれ自体が目的であり、手をかけて育てるべき存在だった。だが、イギリスの産業資本家にとっては、会社は文化的な生活という一段上の目的を達成するための手段にすぎなかった。会

社は利益を刈り取るための存在にすぎなかった。たとえば、第 1 次世界大戦以前にはイギリスの会社の配当性向は80〜90％もあり、アメリカの会社をはるかに上回っていた。イギリス人は、ビジネスに対して上品ぶった、しかも致命的なほど深い嫌悪感を抱く人が多い。

次に、ドイツの場合をみよう。同書によれば、ドイツでは工業化の推進主体となるような大会社が成立した。ジーメンシュタットにある広大な電気機器製造工場群、レーヴァークーゼン、ルートヴィヒスハーフェン、フランクフルトの巨大化学工場、ルール地方とライン川沿いの大規模な機械工場と製鉄所等である。なぜドイツでは、今でも金属、化学および機械産業の大会社が多いのか、については次の 4 つの理由がある、という。

A．企業活動の自由度

　ドイツ法はイギリス法のように「取引を阻害するような企業結合」を禁止しておらず、アメリカのシャーマン反トラスト法のように独占も禁止せず、反競争的なものに対してドイツは英米よりも寛容であった。

B．大銀行の影響力

　ドイツの資本市場は分散しすぎていて非効率であったため、産業化を進める原動力とはならなかった。ドイツの銀行家はその代役を務めるべく株式合資銀行を設立し、初めは鉄道会社に（社債ではなく銀行借入により資金を調達していた）、そして1879年に鉄道会社が国有化されたあとはシーメンスのような若い製造会社に、さまざまな預金者から集めた資金を供給した。

C．2 層型の企業管理体制

　会社設立の自由化を定めた1870年法が、同時に 2 層型の管理を株式会社に義務付けていた。つまり、日常的な意思決定に責任を持つ取締役会と、大株主とさまざまな利害関係者が構成する監査役会が設けられた。ここでいう利害関係者には、銀行だけでなく、地元政治家やカルテルのパートナー、果ては労働組合までが含まれる。1884年には、監査役会の権限がさらに強化された。

D．社会的役割の重視

　1883年から1889年にかけて、ビスマルクは企業向けに包括的な「社会保険」

制度を導入した。会社は年金支給を義務付けられるようになった。また、ビスマルクは1891年に、「共同決定」と呼ばれる労働者の経営参加制度を導入したが、労使の共同は、1920年には、労使協議会の設置を義務付ける法律が成立するまでに進展した。

　ドイツの会社は、二度にわたる世界大戦の敗戦や、何度かの慢性的な景気後退、そしてナチズムと東西分裂を耐え抜き、成功を収めてきた。これは、ライン型資本主義あるいは利害関係者資本主義のおかげというよりも、もっと実際的な二つの要因によるものと考えられる。
　一つは熱心な教育、中でも科学教育と職業教育の重視。二つは、経営者が尊敬され、官僚と同様に高い地位とみなされたことである。

　イギリス、ドイツ等の西欧諸国とは違い、1868年に漸くにして封建時代に終止符を打ち、近代化を進めた日本の株式会社の場合はどうであったのか。

　日本での株式会社の嚆矢は1873年、国立銀行条例により設立された第一国立銀行である。株式市場は、1878年の株式取引所設立によって開かれた。だが、開場時の取引所はそれまでに大量発行されていた各種公債取引の場であり、「株式取引所」とは名ばかりであった。その後、全国的に設立された国立銀行株も上場されていくが、株式取引が本格化するのは、1880年代後半の会社設立ブーム（第1次鉄道熱）以降のことであった。
　こうした株式に係る諸制度は、明治政府による西欧からの導入であったが、それとともに会社制度普及の推進主体となったのは、江戸期から商家として栄え、明治の激動を乗り切って存続・維持を図りえた三井、三菱、住友等の財閥であった。創業一族は、株式会社の概念には神経質で、当初は種類株を利用して経営権を維持していた。1890年代にこれが禁止された後は、子孫たちが共同で株式を所有できるような（そして持分の売却を禁じるような）取り決めをした。

　しかし、同じように同族といっても、たとえばイギリスのそれに比べると、

はるかにうまく日常の経営を専門家に委ねていた。家業の経営のために専門経営者（「番頭」）を雇う伝統は、18世紀まで遡ることができる。また、主要な産業資本家一族は、きわめて巧みに、封建的忠誠心を企業への忠誠心に転換させた。つまり、主君のために喜んで死を受入れる武士が、会社の成功のためには献身的に"奉公"する（そして見返りに終身雇用を与えられる）忠実なカンパニー・パースン（会社人間）に変身した。

1930年代の初頭には、ほとんどの財閥が有能な専門家にその経営を委ねていた。戦後、財閥はそれを封建時代の遺物とみなすダグラス・マッカーサーの手で解体された。今日では、復活しているものの、いわば"倶楽部：クラブ"のような存在となっている。

一方、戦前・戦後にかけて新興企業経営者が輩出した。松下幸之助は、勤めていた会社で提案したが叶えられないダブルソケットの製造を独立して始めた。"質実剛健"、"切磋琢磨"して一代で松下電器産業を今日の世界的な「コンシューマー・エレクトロニクスメーカー」に育てた。井深大は戦後の廃墟の中で「理想の工場」の理念を掲げ、起業し、ソニー（第3章の事例研究として取り上げる）を今日の世界最大の「AV（オーディオ・ビジュアル）メーカー」に育てた。本田宗一郎は、自転車にエンジンを付けた簡易なオートバイを製造しながら、旧通商産業省の行政指導にもめげず4輪車に事業展開し、苦難の経営を献身的に奉仕する人々とともに、今日の"世界のホンダ"を興した。こうした質実剛健の新興経営者が、日本における会社制度を発展させたのである。

ところで今日、海外で事業展開するような大規模の多国籍企業はどの国の企業が多く、具体的にどのような企業であろうか。そこで、フォーチュン誌が毎年ランキング発表している「Global 500 2006」（株価の時価総額ベース）をみてみよう（第Ⅱ―1表）。

株価時価総額（market value）ベースであるが、アメリカが197社、9,897,407百万ドル（$1＝¥115として換算：約1,138兆円）、44.2%を占め、他国を圧倒している。次に日本とイギリスが各々9.6%、9.4%となっており、これら3国で

第Ⅱ－1表　Global 500 2006（国別）

Country	Number of Company	Market value $m	% of total
US	197	9,897,407.0	44.2
Japan	60	2,155,662.3	9.6
UK	39	2,110,906.2	9.4
France	30	1,359,481.3	6.1
Germany	19	826,574.1	3.7
Switzerland	11	728,616.8	3.3
Canada	22	654,998.6	2.9
Saudi Arabia	9	494,781.5	2.2
Italy	12	486,064.9	2.2
Russia	6	408,466.1	1.8
Spain	8	378,737.1	1.7
Australia	9	324,949.2	1.5
Netherlands	8	312,707.4	1.4
South Korea	9	269,944.4	1.2
Hong Kong	7	269,856.7	1.2
Brazil	6	257,124.7	1.1
Sweden	8	222,341.7	1.0
India	8	182,415.2	0.8
Norway	4	135,193.3	0.6
Finland	2	113,860.5	0.5
Mexico	4	110,435.0	0.5
Taiwan	4	108,641.2	0.5
South Africa	5	99,034.8	0.4
Belgium	3	96,289.5	0.4
Denmark	3	79,841.3	0.4
Ireland	3	57,672.3	0.3
Belgium/Netherlands	1	46,420.2	0.2
Austria	2	41,948.0	0.2
Israel	1	31,956.9	0.1
Singapore	1	27,353.7	0.1
UAE, Argentina, etc	5	100,002.6	0.4
Total	506	22,389,684.6	100.0

(注)複数の国に計上されている会社が5社ある。

63.2%と世界株価時価総額の約3分の2を占めていることが分かる。

そこで次に、株価時価総額ベースでみた世界トップ25社を掲げてみてみよう（第Ⅱ―2表）。

GEを含めて金融業（Banks）や資源・エネルギー（Oil & Gas）関連の業種が多いことが分かる。グローバル企業のトップクラスでは、株式会社であるが、その稼動資本が金融（利鞘）・資源（権利）のそれであって、素材加工の製造業ではないことに注目しなければならない。これが日本の最上位クラス・グローバル企業との相異点の一つである。すなわちグローバル企業の内実を正しくみる場合、「金融・資源資本主義と産業資本主義」という概念的分析フレームがまた別の「資本主義」に対する見方として重要だ、ということである。

いずれにしても、株式時価総額でみて、アメリカのグローバル企業の巨大さは群を抜いている。これはなぜなのであろうか。

なお、直近（本書執筆中の2007年11月）、ブルームバーグ（Bloomberg.co.jp）の調べによれば、株式時価総額ベースで中国石油天然気（ペトロチャイナ）、中国移動（チャイナモバイル）、中国工商銀行および中国石油化工の4社が上位10社内に入った。中国の資本主義化は急速である。

戦後の「民主・自由」の資本主義社会においては、軍事、経済、文化面で唯一のスーパー・パワーとなった「アメリカン・インパクト」は圧倒的であった。経営学の理論と手法についても、広く世界に普及した。前出のハムデン－ターナー・トロンペナールス（1993年）は、アメリカの資本主義パラダイム（思考の枠組み）について次のように述べている。

「現代の他のいかなる国にも増して、アメリカは先進資本主義の典型ということができる。イギリスは産業革命を経験した最初の国であったが、最近70年間については、世界のさまざまな規準はアメリカの巨大な国内経済によってほぼ定められてきたといってよい。アメリカは確かに世界の発展過程の誘導者で、最も一貫して社会主義を排斥し、資本主義を擁護し、貴族階級に

第Ⅱ－2表　Global 500 2006 TOP 25

Rank	Company	Country	Market value $m	Sector
1	Exxon Mobil	US	371,631.3	Oil & gas producers
2	General Electric	US	362,526.6	General Industrials
3	Microsoft	US	281,170.8	Software & computer
4	Citygroup	US	238,935.3	Banks
5	BP	UK	233,259.8	Oil & gas producers
6	Bank of Amerika	US	211,706.3	Banks
7	Royal Dutch Shell	UK	211,279.7	Oil & gas producers
8	Wal-Mart Stores	US	196,859.9	General retailers
9	Toyota Motor	Japan	196,730.8	Automobiles & parts
10	Gazprom	Russia	196,338.5	Oil & gas Producers
11	HSBC	UK	190,316.1	Banks
12	Procter & Gamble	US	189,551.2	Household goods
13	Pfizer	US	183,359.8	Phamaceuticals & biotechnology
14	Johnson & Johnson	US	176,242.6	Phamaceuticals & biotechnology
15	Saudi Basic Industries	Saudi Arabia	175,665.9	General industrials
16	American International G.	US	171,634.8	Nonlife Insurance
17	Total	France	162,792.0	Oil & gas products
18	Mitsubishi UFJ Financial	Japan	156,336.1	Banks
19	GlaxoSmithKline	UK	151,854.9	Phamaceuticals & biotechnology
20	Altria	US	147,881.3	Tobacco
21	Novartis	Switzerland	146,023.9	Phamaceuticals & biotechnology
22	JP Morgan Chase	US	145,138.4	Banks
23	Berkshire Hathaway	US	139,247.1	Nonlife insurance
24	Cisco Systems	US	133,282.6	Technology hardware & equipment
25	Roche	Switzerland	130,551.2	Phamaceuticals & biotechnology

も組織労働者階級にも嫌悪感をあらわにした、中産階級の勝利を象徴する国である。武力と言論とを動員してこれほど飽くことなく、世界中で資本主義を擁護した国は他にない。（中略）。自国のビジネス・スクールを通じて、企業経営の『優れた手腕』を他のいかなる国にも増して賛美し、経営学の樹立を自らの課題とし、最新の経営技術と経営方式をつぎつぎと生み出しているのはアメリカである。資本主義とは、アメリカ人が正しくも主張しているように、たかだか『公平な競技場』にすぎない。一部の国が自国の利益のために介入して外国投資を制限し、あるいは不公正に優位な立場を得るため政府を利用する限り、笛を鳴らして警告したり、何が公正で何が不公正かを心得ているのはアメリカの『審判』である。審判員を侮蔑する者には、いまなぜ世界の多くが競技に参加したいと熱望しているのか、歴史的にみれば、なぜ何百万人もの人びとが自由の女神の下を通ってアメリカに渡ってきたのかを説明する必要があるだろう[注11]」。

さらに、アメリカの政府あるいはアメリカ人の筋金入りの「市場メカニズムへの信奉」を、日本の大和銀行がニューヨークを舞台に起こした不正事件にみよう。

1995年、大和銀行ニューヨーク支店嘱託行員が起こした米国債不正取引による巨額損失事件が発覚した。この行員は、禁固4年、罰金200万ドルの実刑判決を受け、服役した。服役中、手記を発表し、文藝春秋社から1997年に『告白』と題して公刊された。この手記の中で、この元行員は、12年間におよぶ自らの不正取引を察知できなかった大和銀行の杜撰な管理体制と発覚後の組織ぐるみの損失隠蔽工作の経緯を明らかにするとともに、「ニューヨーク連邦銀行の検査官は酒に酔った上、2日間予定の検査を15分で済ませて偽装工作を発見できなかった」、「一週間の実施調査に派遣された大蔵省検査官は、ミッドタウン支店で一時間上層部と懇談しただけ。検査というより観光旅行のような印象だった」などと、日米金融当局の検査体制の杜撰さも指摘した。

しかし、アメリカは、事件が発覚した後、すぐにそれを市場に知らせなか

った大和銀行を自国市場からすべて撤退させ、巨額の罰金も課した。アメリカは、虚偽や隠蔽を決して許さない。投資家の、あるいは消費者の選択権を大切にする、そうした"筋金入り"の自由放任主義の市場メカニズムを信奉する国である。

(ここに、アメリカがなぜ今日でも、圧倒的な経営上の成功を収めているかの根因がある、と筆者らはみる)。

換言すれば、アメリカは生粋の資本主義国といえる。すなわち、個人的自由主義の資本の論理が理念として尊重され、制度化されているのである。

(振り返れば、カール・マルクス(Karl Marx)は、資本主義社会をものの見事に描いた。商品と貨幣の本質から説き解し、貨幣の資本の転化、剰余価値の生産(労働過程と価値増殖過程)等の資本の運動法則を明らかにした。そこに「人間」を入れると、資本家が生産手段を所有し、支配し、価値増殖を図る過程で労働者を搾取し、また資本増強を図る、という価値増殖の法則であった。改めて、"Das Kapital",1867年(和訳書はいくつか出ているが、一つ挙げれば、カール・マルクス著、マルクス＝エンゲルス全集刊行委員会訳『資本論』、大月書店、1968年)を読んでみて、今日の株主資本は分散所有され、取締役会(法的には株主総会)から指名された専門経営者が経営し、優秀な"労働者"には多額の報酬を払わなければ雇用できない、という事態をみるとき、資本主義の変容をつくづく感じるであろう)。

アメリカを訪れる人は、現出した世界で最も「大量生産・大量流通・大量消費」の発展した経済社会をみて驚く。その資本主義は、生産・販売は同じ規格のものを(標準化／規格化／専門化／単純化)、大量に(大規模化)、集中的に生産・販売する(集中化)、という行動原理を内包する。

このアメリカ資本主義規準(手本となる規範)は戦後、全世界に浸透した。その典型例が「マクドナルド化」現象[注12]である。

この現象を指摘したのはジョージ・リッツア(George Ritzer)であるが、その著 The McDonaldization of Society：正岡寛司監訳『マクドナルド化する社会』(早稲田大学出版部、1995年)に、マクドナルド現象とは何か、を要約してみると次のようである。

1937年にアメリカで初めて生まれたマクドナルドは、現在世界中に広がり、

多くの人々に利用されている。その影響力は「ファーストフード」という枠を越え、そのシステムそのものまで世界に及んだ。「マクドナルド化」という言葉は、マクドナルドの生産から消費までのシステムが元になっている。アメリカでは20世紀初頭、フォーディズムという生産管理方式が生まれた。それは従来の職人の技によるワンセットの生産方式と異なり、非熟練労働者による、分業の、徹底したマニュアル化による生産方式であった。それは生産効率の向上をもたらし、T型フォードのコストを画期的に引き下げ、自動車を大衆のものにした。

　このようなマニュアル化は、生産部門の専売特許と思われた。しかしそれがやがて流通部門に及んだ。本部で研究開発されたマニュアルが、チエーン店の端々まで行きわたり、それによって統括管理されるようになった。すなわち、分解（分業）とそのシステム化の徹底・貫徹こそ、アメリカの強さの源泉といえるのではないか。
　今日、アメリカの経営文化（第4章で詳述）である「分解と統合の文化」（マニュアル化の思想・手法）は今や、世界大で、あらゆる分野に及んでいる。
　一方、海外進出・輸出にしろ、現地生産・販売にしろ、当該の国あるいは地域の情況（内部的なマーケットの状況）に合わせた対応、すなわちグローカリゼーションがなされる。マクドナルドの場合は次のようである。

> 「世界中どこでも100％牛肉のハンバーガーが売り物のマクドナルド。だがインドは別だ。肉類は鶏肉のみ。ヒンドゥー教徒に多い菜食主義者向けメニューもあり、卵を含まない特殊なマヨネーズを使うという気のつかいようだ。代表例は大きな野菜コロッケをはさんだ『マックベジー』。（中略）。牛を神聖化するヒンドゥー教に加え、イスラム教徒もいるため豚肉もタブー。そんな環境に配慮した独自メニューが奏功し、インド進出から10年余りで120店舗以上に拡大した。六百とも千ともいわれるアジアの民族。言語も多様で、一国の中にも異なる宗教や文化を持つ人々が暮らす。細分化されたマーケットをいかに攻めるか、企業は知恵を絞る。（日本経済新聞2007.11.23付）」。

4. 中国の経営者資本主義

―中国の経営者はどのような人々なのか？ 資本は誰が支配しているのか？―

　計画経済時代の中国では、いうまでもなく、企業統治（コーポレット・ガバナンス[注13]、corporate governance）は「政府が統治していた」ということであり、政府のコントロールを前提とした企業指導制度であった。
　社会主義市場経済の時代となり、前述のように1994年7月1日、「会社法」が施行され、有限会社、株式会社、外商投資企業に適用された。
　そこで問題は、今日、中国の株式会社の経営者（董事長・董事・総経理）はどのような人々であり、政府、株主、そして他のステークホルダーとどのような関係にあるのか、という点である。

　中国上場企業の支配株主（2001年）をみると、次の通りである[注14]。(2001年時点の上場会社1,050社を対象とする調査)。

```
政府・国有企業　………80.5%
個人・家族　……………10.7%
集団所有企業　…………0.7%
従業員持株会　…………0.7%
外資　……………………0.7%
支配株主なし　…………5.0%
```

　陳藹芳（2004・2006年）は、中国のコーポレット・ガバナンス（corporate governance in China：中国語では「公司治理」または「公司治理結構」）の特徴として、次のように解説している。

　「中国においてコーポレット・ガバナンスの概念が使用されるようになったのは、1990年代に入ってからである。1980年代までは、それに近い概念として国家政府のコントロールを前提とした企業指導制度が存在していた。

1994年の『公司法』の実施を契機にして、企業が急速に成長してきた。また1994年以後一連の国際シンポジウム開催を通して中国人学者の間にコーポレット・ガバナンスの概念が普及していった。(中略)。中国のコーポレット・ガバナンスの特徴において、最も注目されているのは①大株主支配と、②経営者支配である。大株主支配というのは、上場企業の支配的大株主が株式総会の支配権を通して自らの代表を取締役会の中に送り、その取締役が経営陣を選出することである。つまり、取締役および経営陣が大株主の利益代表になっている。ここでいう大株主は具体的には国家株や国有法人株の所有権代表である政府機関や国有企業を指す。つまり、国家は絶対的な支配権を持ち、国家の意思に反する決定が議決される可能性は殆どない。一方、経営者支配というのは、企業経営者、特に特定の有力経営者が強い指導力を発揮し、事実上、企業を支配していることである。その歴史背景として、中国の株式会社の多くは計画経済時代の国営企業から変身してきたため、取締役会会長(董事長)、社長(総経理)、および取締役(董事)は企業内部から誕生する傾向がある。さらに、子会社が上場会社の場合、彼らは強い立場で支配株主の代表であるとともに、取締役会会長が社長を兼任する場合が多い。本来、取締役会(董事会)の上位に位置するはずの株主総会が実際にはそれほど重視されていない(注15)」。

上述のように中国では、株式制度は導入されたものの、株主が国家である比重が多く、また国有企業が民営形態となり、株式会社化しても、国有企業時代の幹部がそのまま株式会社の役員に昇格することが多いということから、政経未分離の、政治が色濃く反映された経営者資本主義といえるであろう。

5. 結び

近年、国有企業あるいは公有企業が民営化され、資本主義化している中国でも、前章でみたように株式市場が整備された。

1990年に上海証券取引所Ａ株市場が、翌年の1991年に深圳証券取引所が設

立された。1993年には、両証券取引所には海外投資家専用のＢ株市場が開設された。資本主義発展の要素である私的会社が資本の論理に乗っとって成長する要素である「有限責任」と「自由に株式を売買できる市場」が制度化されたのである。

　当初、二つの中国本土（香港証券取引所を除く）の証券市場は、地元企業の上場が優先され、国有の大企業は香港市場でＨ株として上場する傾向にあった。上場制限規制が徐々に緩和されていくのは、先進資本主義国の通例である。日本の上場基準も緩和されてきた。ジャスダック、ヘラクレス、マザーズ市場のように、新興企業を育成するのも株式市場の役割である。

　また、中国本土の株は非流通株と流通株とに分けられる。Ａ、Ｂ、Ｈ株など市場に流通している株式と、国有株や法人株など流通していない株式である。後者の非流通株を流通株に転換する改革が2005年から本格化し、2006年末にはほとんどの非流通株が流通株に転換された。改革後の銘柄はＧ株と呼ばれている。ますます、株式も市場に売り出され、市場の厚みも増してきた。

　（イギリスの「ファイナンシャル・タイムズ」紙は、2007年8月29日付けの中国証券市場について論評した記事を掲載し、その中で、香港に上場した一部の銘柄を加えれば、中国の証券市場の時価総額はすでに日本の証券市場の時価総額を上回った、と報じた）。

　2007年、アメリカの「サブプライム」問題[注16]が顕在化、世界各国の株式市場が軒並み下げに転じた時、上海市場も下げた。ほとんど世界の投資家に自由化されていない、中国人投資家も世界の市場の株式を買えない状況にあって、上海市場が下げたということは、心理的な要因によるのであろう。

　中国企業の株主は、発行した当該企業から正当に扱われるであろうか。経営者は株主を大事に考えるだろうか。外資にも徐々に株式市場が開放されていくに伴い、中国企業の経営者がどのように意識を変えていくのか、どのようにグローバル化していくのか、今後ともよくみていかなければならない。

[注記]
1．グローカリゼーション：「国内だけの企業経営に対して、国際企業の経営の特徴を表す用語。ソニーがグローバル経営の理念としたことで知られた。同社では、その基本戦略はグローバルに決めるが、各現地子会社はローカル化に徹しようとしたのである。そして、①どこの国で作ったものでも同一品質であること、②現地人が現地子会社を運営できる体制を確立することを、事業の基本方針とした（吉原英樹編著『日本企業の国際経営』同文舘）。国際企業が世界市場において競争優位を発揮して経営を行うためには、進出各国にまたがる共通・普遍的なグローバル戦略が不可欠である。もし各国・地域で統一性のない戦略のもとで経営が行われるならば、グローバル企業としての競争優位性を強力に展開することは不可能であろう。しかし他方では、そのようなグローバル企業が海外で実際に事業活動を行うのは、進出先の国であり、地域である。各国・地域ではその国の住民の利益を守るための国内産業保護や経済的ナショナリズムも存在する（竹内昭夫著『新・国際経営論』同文舘）。現地企業になりきらなければ現地に受入れられないし、企業存続も不可能である。このように、国際企業の経営では、普遍的、統一的な活動が要求されると同時に、他方では各国・地域ごとの特殊的・個別的な活動への対応が求められるという矛盾を解決しなければならないことになる。これこそがグローカリゼーションの本質ということができよう」（経営能力開発センター編『経営学検定試験公式テキスト―キーワード集』）。
2．直接投資：国際収支統計について定めたIMF国際収支マニュアルでは、直接投資は親会社が投資先の企業の普通株または議決権の10％以上を所有する場合、もしくはこれに相当する場合を直接投資であると定義している。具体的に直接投資として認識される投資とは、海外の投資先の企業に対する株式の取得、貸付、債券所有、不動産の取得、海外子会社の再投資収益などである。形態的には、いわゆるM＆Aの他、新規に法人を設立する場合（グリーンフィールド投資）を含む。
3．金森久雄・荒憲治郎・森口親司編『経済辞典』、有斐閣、1986年、p.311。
4．John Micklethwait and Adrian Wooldridge, *The Company*, Weidenfeld & Nicolson, 2003. ジョン・ミクルスウェイト＆エイドリアン・ウールドリッジ著、鈴木泰雄訳、日置弘一郎・高尾義明監訳『株式会社』、ランダムハウス講談社、2006年、pp.38-39。
5．A. A. Berle, Jr. and G. C. Means, *The Modern Corporation and Private Property*, The Macmillan Company, 1932.｜1950（Seventeenth Printing）｜. アドルフA．バーリィ・ジュニア，ガーディナー C．ミーンズ著、北島忠男訳『近代株式会社と私有財産』、文雅堂銀行研究社、1974年。
6．James Burnham, *The Managerial Revolution*, Indiana University Press,1960. ジェームズ・バーナム著、武山泰雄訳『経営者革命』、東洋経済新報社、1972年。
7．Robin Marris, *The Economic Theory of "Management Capitalism"*, Macmillian, London, 1964, p.1.
8．村田稔著『経営者支配論』、東洋経済新報社、1972年、p.184。
9．Charles M. Hampden-Turner and Alfons Trompenaars, *SEVEN CULTURES OF CAPITALISM*, c/o The Spieler Agency, 1993. 上原一男・若田部昌澄訳『七つの資本主義―現代企業の比較経営論』、日本経済新聞社、1997年。

10. Ronald Dore, *Stock Market Capitalism*∶*Welfare Capitalism*, 2000. ロナルド・ドーア著、藤井眞人訳『日本型資本主義と市場主義の衝突』、東洋経済新報社、2002年。
11. 前掲書（注9）、p.21。
12. George Ritzer, "*The McDonaldization of Society*". ジョージ・リッツア著、正岡寛司監訳『マクドナルド化する社会』、早稲田大学出版部、1995年。
13. コーポレット・ガバナンス：企業統治、corporate governance。「…企業が小規模であるときは、所有経営者（owner manager）が普通であるが、大規模企業になると、所有者（owner）と経営者（manager）が分かれる。株式会社の所有者である株主総会と経営者的立場である会社役員や取締役会との関係は、民法の委任とされる。この所有と経営が分離した状況下では、経営者はその会社を経営するのに、利害関係者（stakeholders）間の調整を行わねばならず、今日では、株主の利益ばかりを優先することが難しくなっている。そればかりか、取締役会も株式総会も形骸化が進み、経営者支配が強化され、その反面で所有者である株主の会社支配力が弱められている。こうした風潮に資金の提供者である株主等が反発を強め、企業統治への意見反映を求める要請が強くなってきた。このため、機関投資家の圧力や経営者に対する株主の支配が強いとされる米国流のガバナンスがわが国でも導入され、株主代表訴訟、社外取締役、社外監査役制度の導入など、経営者支配を、所有者或いは社会的な立場からチェックする仕組みが取り入れられた。委員会設置会社なども、経営者が自利を図った経営や反社会的な行動を取らないように、経営の透明化を図り、これを監視し、統制するための会社形態であるといえる。米国では、企業統治に関して、最高統治責任者（chief governance officer, CGO）が置かれるようになった。2003年7月、イーストマン・コダック社は『企業統治の仕組みが社内できちんと機能するように主導する』（日経NY、藤田和明）ために、初のCGOを置いた。以降米国ではCGOをおく企業が続出している。CGOに求められる能力は『内部統制や行動倫理が機能しているかどうかを見渡せる専門知識と、取締役会と外部の株主との橋渡し的な役割』（藤田和明、前掲）が期待されている。」（実践経営学会編『実践経営辞典』p.211）。
14. 丸山和雄編『中国産業ハンドブック（2005―2006年版）』、蒼蒼社、2006年、p.41。原典は張信東他「家族股―中外家族控制上司比較」（『新財富』2002年第8期）。
15. 日本経営学会編『経営学論集74集　グローバリゼーションと現代企業経営』、千倉書房、2004年、pp.202―203。前掲書『実践経営学辞典』pp.211―212。
16. 「サブプライム」問題：Sub-Prime Mortgage Loan、サブプライムとは、低所得や破産歴などのために信用度の低くなっている一般市民のこと。その市民層を「サブプライム層」と呼び、アメリカ人全体の25%を占めているといわれている。サブプライム層に入らない、つまり信用度が平均以上の層を「プライム層」という。そして、サブプライム・ローンとは、アメリカの金融機関が過去に破産経験のある人やサブプライム層など、比較的信用力の低い人たちに対して貸し出しを行う住宅ローンである。米国の消費者の大半は、過去の借り入れ・返済の履歴と現在の借り入れ状況について、記録が取られており、これを点数化したクレジットスコアと呼ばれる点数がつけられている。クレジットスコアは、借金の返済が遅延すると低下し、クレジットスコアが低い借り手は信用力が低いと判断されることとなる。サブプ

ライム・ローンは、通常の住宅ローンに比べて審査基準がゆるいため借りやすいが、金利が高く設定されている。また、最初の数年間だけは金利が低く、数年後に一気に金利がアップするといった商品も多い。これが大きな落とし穴となって、2007年には最終的に返済できない人たちが増え、不良債権化が大問題となった。サブプライムローン問題の顕在化が、米国株式市場の株価下落はもちろん、世界の金融市場における「信用不安」を引き起こし、混乱を招いた。

［参考文献］

1. 山埼清・竹田志郎編『テキストブック国際経営［新版］』、有斐閣、1999年。
2. 丹下博文『「知」の文明―21世紀・大変革へのプロローグ―』、財務省印刷局、2003年。
3. 大塚久雄著『株式会社発生史論　下巻―近代個別資本の歴史的研究　第一部―』、中央公論社、1950年。
4. 占部郁美著『株式会社』、森山書店、1975年。
5. 野口悠紀雄著『日本経済再生の戦略―21世紀への海図―』、中央公論新社、1999年。
6. 栢俊彦著『株式会社ロシア―混沌から甦るビジネスシステム―』、日本経済新聞社、2007年。
7. Bill Emmott, *The Sun Also Sets*, Simon & Schuster Ltd., 1989. ビルエモット著、鈴木主税訳『日はまた沈む―ジャパン・パワーの限界―』、草思社、1990年。
8. Lester C.Thurow, *The Future of Capitalism*, Leighco Inc., 1996. レスター・C・サロー著、山岡洋一／仁平和夫訳『資本主義の未来』、TBSブリタニカ、1996年。
9. 井上義朗著『市場経済学の源流―マーシャル、ケインズ、ヒックス―』、中央公論社、1993年。
10. 対木隆英著『現代の経営者』、中央経済社、1978年。
11. 対木隆英著『管理力の構図』、文眞堂、1987年。

column 21世紀の予言

　ヨーゼス・シュンペーター（Joseph Alois Schumpeter, 1883-1950）はオーストリア出身の経済学者ですが、その著『経済発展の理論』の中で、企業者［entrepreneur、アントレプレナー：一定のルーチンをこなすだけの経営管理者（土地や労働を結合する）ではなく、生産要素を全く新たな組み合わせで結合し、新たなビジネスを創造する者］の行う不断のイノベーション（innovation，革新）が経済を発展させる、と論じました。換言すれば、イノベーションは資本主義を動かす企業者の本質的機能とみたわけです。

　日本の大企業の経営者が経営説明会で「プロセス・イノベーション」や「バリュー・イノベーション」という言葉を使う時、このシュンペーターの理論を思い起こします。

　イノベーションとは日本語では「技術革新」と訳されますが、シュンペーターによれば、技術分野に限らず、次の五つの分野をいいます。

　　　1．新しい財貨の生産（新製品の開発、近年ではサービスが重要）
　　　2．新しい生産方法の導入（新生産手段の開発）
　　　3．新しい販売先の開拓（新市場の開拓）
　　　4．新しい仕入先の獲得（原材料、半製品の新獲得源の開拓）
　　　5．新しい組織の実現（新組織開発）

　また、イノベーションと聴いて思い起こすことに、1901年（明治34年、1月2,3日）の報知新聞の記事があります。23項目に亘り、1900年代（20世紀）に実現しそうな「革新」を予言しています。いくつか次に掲げてみましょう。

・無線電信及び電話：マルコニー氏発明の無線電信は世界諸国に連絡して東京にあるものがロンドン、ニューヨークにある友人と自由に対話することを得べし。
・7日間世界一周：19世紀の末年において少くとも50日間を要したり世界一周は、20世紀末には7日間を要すれば足ることになるべく、また世界文明国の人民は男女を問わず必ず一回以上世界漫遊をなすに至らん。
・写真電話：電話口には対話者の肖像現出するの装置有るべし。
・鉄道の連絡：航海の便利至らざる無きと共に、鉄道は五大州を貫通して自由に通行するを得べし。
・自動車の世：馬車は廃せられ、之に代わるに自動車は廉価に賄うことを得べく、また軍用しても自転車及び自動車をもって馬に代わることなるべし。従って馬なるもの僅かに好奇者によりて飼養せらるるに至るべし。

　100年後の世の中を予測することは難しいのですが、21世紀初頭の今日、予測の見識には驚かされます。環境に負荷を全く与えない自動車、消費者の健康を増進する食品、ナノテクノロジーの発展による医療技術の発達、バイオテクノロジーによる天候に左右されない農産物の生産、ロボットの高機能化等々、科学技術の発展は進むでしょう。シュンペーターの技術分野以外のイノベーションに関連しては、実践経営学を研究する者も、経営の革新、組織の革新、流通やロジスティクス等の仕入れ・販売活動を革新するシステム等、気概をもって革新に取り組まなければならない、と意を新たにします。資本主義を動かす「企業者」、その「イノベーションの創造」、そして本書が問題にしている経営文化も大事だと、考えさせられます。

　そうした意味で、経営革新に貢献した、すなわち科学的管理法を考案したテーラー、移動組立法を考案したフォード、組織の革新に学問から貢献したバーナード等、アメリカの偉人たちに続かなければなりません。

第3章
日中企業のアライアンス
Alliances between Japanese and Chinese Corporations

中国最大の自動車メーカー「長春第一汽車」
（野本 茂撮影）

要旨

　第1章で述べたように、1978年以降、アメリカ、ドイツ、日本等の先進資本主義国のグローバル企業に門戸を開いた中国へは、外資受入れの優遇措置、賃金等低コストを享受しようと進出が相次いだ（日本企業の進出データについては第5章参照）。

　第1章では日本企業の場合を述べたが、他の国のグローバル企業にとっても、中国は国際分業型ビジネスモデル構築のための有用な"機会"であった。将来、"世界の工場"から"世界の市場"となる期待感もあった。

　ただ、グローバル企業にとって、特に日本企業にとって、中国企業との交流はそのマクロ・ビジネス環境も含め、これまでの企業交流とは異質のものであった。中国側の外資受入れの動機は、資本、技術、経営ノウハウ、ブランド等を吸収し、雇用を創出し、世界市場へのアクセスを確保することと考えられ、一方、長年計画経済のあおりで残った計画経済的ビジネス慣行はグローバル企業側のそれとの矛盾が表出する。そうした中、それでも両者の"内在的要請"がかみ合い、先進資本主義国のグローバル企業と主に国営企業を前身とする中国企業との各種アライアンスが結ばれた。

　国内市場の成熟化、商品のコモディティ化にみまわれ、激烈な価格競争に直面する現代グローバル企業にとっては、成長する新興国が提供する外資受入れの優遇措置、賃金等の低コスト、および所得向上に伴って急激に覚醒するであろう富裕層市場は、付加価値取入れのためのバリューチェーン構築に当たって、死活的な"機会費用"である。リスクも大きいが、利益も大きい、ということであろう。

　この情況を端的に示す事例は、世界最大の小売業に成長し、売上高は日本円で40兆円を超えるウォルマートが、仕入れの過半を中国に依存している事実であろう。

　近代、世界の経済秩序を形成し、"パクスブリタニカ（Pax Britannica、「イギリスの平和」）[注1]"、"パクスアメリカーナ（Pax

Americana、「アメリカの平和」）[注2]"といわれたイギリス、アメリカでさえ、製造業が衰退し、情報産業、それも金融情報産業に活力を見出している感が強い。金融の世界では、いわゆる「エマージング・マーケット（emerging market）[注3]」が"機会費用"であって、リスクは高いけれども取り組まざるをえない、ということである。

　また、同時に注目すべきことは、グローバル・メガコンペティション（megacompetition 地球的規模での大競争）に勝ち抜くためには、「知識」という無形資産の重要性が、グローバル市場での比較優位を得るためにますます高まってきた、という点である。競合企業が模倣しにくく、しかも外部市場を通じて調達することが困難な知識やノウハウが企業の独自能力を形成し、確固たる競争優位性を生み出す。その意味で、ナレッジマネジメント（knowledge management）[注4]が重要な経営課題となってきた。

　だが、スピード経営が求められる今日、企業が独自に知識やノウハウを内部から生み出すことには限界がある。そこで、他の企業がもつ経営資源を活用するためにアライアンスが有効な戦略となるのは、理の当然であろう。

　それゆえ、日中企業間の戦略的アライアンスは、初期の外資導入による経済発展（加工貿易・生産提携）の段階から、中国国内市場への浸透戦略展開（販売提携）の段階にアップ、そしてグルーバル・メガコンペティションを勝ち抜くナレッジマネジメント強化のための戦略的アライアンス（今のところ、中国企業は一般的に、先進国キャッチアップ過程にあって、いわば「模倣戦略」を採っており、R&Dから製品・サービスを仕上げる垂直展開型ビジネスモデルを志向する企業は少ない）が加わり、進化していくものと考えられる。

Key Words
戦略的アライアンス　直接投資　加工貿易　日中企業交流
ジョイント・ベンチャー　独資　M&A

1. まえがき
―なぜ、今、グローバルな戦略的アライアンスなのか？―

　第1章で述べたように、中国共産党は1978年以降、紆余曲折を経て、経済運営の路線を「自国の独力による経済運営（自力更正）」から「対外開放経済運営（改革・開放）」へと転回した。これは、自国の企業と他国の企業との関係が生じる、ということを意味する。本書が主題とする「日中企業交流」問題もこの意味関連から生じる。

　本書では、日中企業交流の様々な問題領域を戦略的アライアンスのそれとし、戦略的アライアンスそのものについては次節以降で論じるが、日中企業交流の問題を扱う場合には、繰り返し述べているように、経済合理的な論理だけで説明しきれるものでなく、政治、文化、社会心理等が複雑に絡み合う現象とみるパラダイム（思考の枠組み）が必要である、と考えている。

　さて、第1章では中国現代史を回顧した。中国共産党内部での権力闘争の末、実権を握った鄧小平は、13億人強もの国民を"食べていける（経世済民[注5]）"ようにし、かつ共産党内部の"保守派と改革派の権力闘争"にあって"人心を惑わさず掌握する"秩序を維持しなければならないという矛盾する情況から、他者すなわちグローバリゼーションにその止揚を求めた。そうして引き続き、中国は1980年代以降、早急に先進国を"キャッチアップ"すべく邁進する情況に、すべての矛盾を閉じ込めている、かのようである。

〔筆者（野本）は、鄧小平の"南巡講話"の模様をよく視聴（NHK等）していたが、「中国は70年も遅れてしまった。」と吐露した発言が印象的であった。おそらく、鄧小平の目には、"外の世界"は"手本とならない資本家の社会"ではなく、"手本として交流すべき社会"と映っていたに違いない〕。

　一方、日本では1980年代には"財テク"に奔走するなど、狂気のバブル景気に酔いしれ、1990年代にはバブル経済崩壊後の「失われた10年」を通じて、経済心理が冷え込み、沈滞した。21世紀に入り、漸くにして2％前後の成長であるが、回復した。この回復の理由については、グローバリゼーションの

潮流に乗り、その第一波の中国経済の成長ダイナミズムを取り入れたことは第1章で述べた。本章では、その内実である戦略的アライアンスについて考察する。この戦略的アライアンスそのものの意義とその動機、諸形態の理解は、「日中企業交流」解明の"鍵"（概念的なフレームワーク）となる。

ところで、バブル経済崩壊、そしてその後の「失われた10年」にあって、日本企業はリストラクチャリングに明け暮れ、経営者、管理者、一般社員の心理も冷え込んだ。これは、日本的経営文化への懐疑ともなった。特に、日本を代表する次世代型情報通信産業の基盤を担うべき各社の「業界横並びの戦略不在の経営」、「問題先送りを繰り返す無責任な御神輿（オミコシ）経営」、「相互もたれ合いの共同体的体質に起因する社内、系列先優先の閉鎖性」（2005. 2. 3. 日本経済新聞社説「共同体的な甘えを捨てた新日本型経営」より）への懐疑である。

典型的な事例は、半導体産業である。1980年代後半、日本の半導体産業は隆盛を極めた感があった。しかし90年代に入り、バブル経済崩壊とともに国内景気は停滞、半導体産業の国際競争力は急激に衰えた。半導体は、工業化社会における鉄のように、高度情報化社会あるいはユビキタス社会の"産業のコメ"である。その国際競争力の維持は極めて重要であることはいうまでもない。窮地に追い込まれた日本半導体メーカーはどのような戦略を採ったか。活路を見い出すべく採られた戦略の一つが戦略的アライアンスであった。

また、グローバル・スタンダードに関連して、凋落産業の典型例は、"モバイル・コミュニケーションの時代"といわれる中、グローバル市場ではほとんど存在感がなくなってしまった日本の携帯電話端末機産業である。グローバル市場でのプレゼンスを急速に失ってしまった日本の携帯電話端末機メーカーは、どのように活路を求めるべきなのか。その考察において浮かび上がってくる日本企業の"姿"は、やはり、グローバル・メガコンペティションに立ちすくみ、「総花的多角化戦略・内向き垂直展開型ビジネスモデル」にこだわる姿ではなく、それに立ち向かうべく、グローバルな戦略的アライアンスにより打開しようとする姿であろう。

加えて、自動車産業をみると、1990年代末には日産が財務的な危機に陥り、フランスのルノーに救済を求めた。COO（最高執行責任者）として派遣され

たカルロス・ゴーン（Carlos Ghosn）氏[注6]は、リストラクチャリングによって"技術の日産"を再生させた。マツダもフォードに救済され、いすゞと富士重工業もGMから資本を受入れた。ドイツのダイムラーはクライスラーと合併したが、失敗に終わった。このように、世界の自動車メーカーも"合従連衡"を繰り返している。環境対応のための「次世代型環境問題対策車」の開発にも、先端的な知識、技術、人財、そして莫大な資金が要る。

　今日的経営戦略として、最も模索されているのが戦略的アライアンスといってよい。

　そこで本章では、まず「（経営）戦略」とは何か、そして「戦略的アライアンス」とは何か、今日なぜ隆盛なのか、の問題を考えてみる。

2. 経営学における「戦略論」の隆盛
―なぜ近年では、経営戦略が重要課題なのか？―

　本題に入る前に、「戦略的アライアンス」の意義のうち、まず「戦略」の意義から明らかにしよう。今日、グローバル・メガコンペティションを勝ち抜くには、経営戦略の成否が"ゴールデン・キー"である（その重要な戦略の一つが戦略的アライアンス）。

　この「戦略」が重要視されるようになってきた経緯は、経営学の主題の変遷を辿ると分かりやすい。そこで、先進的であったアメリカ経営学の中心的テーマの変遷を素描して、なぜ近年、戦略が重点的な経営課題になってきたのか、をみよう。

　そもそも、実践的な経営学は、1881年ペンシルバニア大学に設置されたウォートン・スクールが世界初の経営学部といわれ、「秘書」や「簿記・会計」が教えられていたと聴く。19世紀末から20世紀中葉にかけては、「科学的管理法：Scientific Management（テーラー：F.W.Taylor）」、「人間関係論：Human Relations（メーヨー：E.Mayo、レスリスバーガー：F.Roethlisberger）」、「行動科学：Behavioral Science（マクレガー：D.McGregor、マズロー：A.

H.Maslow、ハーツバーグ：F.Herzberg、他)」等、企業で働く個人あるいは集団の作業効率および勤労の動機と生産性の関係が問題視された。

　テーラーの科学管理法の思想（標準化・専門化・単純化の分解主義・マニュアル化）は、今日のアメリカ経営文化の基底に流れ、世界に浸透し、マクドナルド化現象をもたらしている。

　これら一連の研究は、実のところ「産業心理学」であった。「産業心理学の父」といわれたミュンスターベルク（H.Munsterberg）は『心理学と産業能率』（*Psychology and Industrial Efficiency*, 1913年）という書物において、「心理学の実験が、体系的に商工業に役立つようになるべきである」と主張し、この「新しい科学」としての応用心理学を「精神技術学」（Psychotechnics）と名づけた。同じ問題意識から、ギルブレス夫人（L.M.Gilbreth）も1914年、『経営管理の心理学』（*The Psychology of Management*）を著している。

　人間観としては、「科学的管理法」においては「経済人」、「人間関係論」においては有名な「ホーソン実験」で発見された「非公式組織」の「社会人」、および「行動科学」においては「自己実現人」等が背景に定立されていた。

　「管理過程と管理原則：Management Process and Principle of Management（フェイヨル：F.Fayol)」の研究も19世紀末から20世紀中葉にかけて、経営学の中心的テーマであった。

　（アメリカ経営学に入門すると、"*The Principle of Management*" と題する本の多いことに驚く）。

　その後、前述したが、「近代的組織の分析（バーナード：C.I.Barnard)」、「意思決定過程の分析（サイモン：H.A.Simon)」は、「組織研究」の嚆矢となった。

　これら古典的ともいえる研究は、今日でも歴然と輝いている。すなわち、今日のビジネス・マネジメント実践の基本となっている。たとえば、「モラールサーベイ」、「提案制度」、「マニュアル」、「職場懇談会」、「PR活動」、「目標管理」、「職務充実・職務拡大」、「感受性訓練」、「小集団活動」等に結実して、所要の生産性向上に寄与している。

　これらの研究と併行して、「財務論」・「マーケティング論」・「購買管

理論」・「生産管理論」・「人事労務管理論」等の経営機能論、さらには「公企業論」・「ビッグ・ビジネス論」・「中小企業論」・「小売業経営論」他、業態・業種別経営論が学理体系的な充実と広がりをみせた。

そして、各業界で需要が低迷し、賃金等のコストが増大し、競争者がひしめき合うようになるにつれて、「経営戦略」の問題が研究の重点となった。

(アメリカが強大な産業国家と成りえた一つの理由も、こうした経営学の発展に負うところが大きい、と筆者らはみる)。

日本での「戦略論」隆盛の嚆矢となったアンゾフの著作 (H. I. Ansoff, *Corporate Strategy*, McGraw-Hill, 1965.) の序文には、経営学の重点が戦略問題に移ってきたことを、次のように述べている。

「そもそも、マネジメントというものは、一種の術(アート)として生まれ、発展してきた。20世紀の初頭、F・W・テーラー、エルトン・メーヨー、アンリー・フェイヨルといった先駆者たちが、マネジメントというものに科学を適用し始めたのであった。また、第二次世界大戦後には、オペレーションズ・リサーチやマネジメント・サイエンスを企業の諸問題に適用するという点で、いわば、一種の開花期を迎えたのである。マネジメントの進展を歴史的にふり返ってみると、いわゆる"内的問題から外的問題へ"というプロセスを経てきたように思われる。すなわち、テーラーやメーヨーをはじめ、彼らと同時代の人たちは、製造工場の中での、個人やグループの生産性の問題に専念したのであり、戦後は、さらに広範囲に、企業内での操業上の諸問題に努力が払われるようになった。そして、最後に、企業の外的な問題、すなわち戦略的な問題に対する分析的なアプローチが試みられるようになったといってよい。実際この10年ほどの間に、多くの著者が、こうした企業の戦略的な問題について、"部分的"に分析的な考え方を発表している。本書の目的は、このような考え方を統合して、一つの全般的な分析的アプローチを作りあげ、企業の"総体的な"戦略的問題を解明することである」。

アンゾフの洞察にみるように、現代グローバル企業にとって、経営戦略、

すなわちグローバル市場において競争比較優位を獲得して長期的な存続維持を図るための希少な経営資源の配分問題の適否が、死活的なのである。偽装等不正行為や放漫経営は論外であるが、戦略を誤り衰退する産業あるいは企業、逆に戦略を適切に選び繁栄する産業あるいは企業は、いわゆる「勝ち組と負け組」といわれ、各業界において2極化の傾向が際立つようになってきたことはこの象徴的な現象といえよう。

3. 戦略的アライアンスの今日的意義
―アライアンス、そして戦略的アライアンスとは何か？―

　アライアンス（alliances）の英語の原義を岩波英和大辞典（1974年版）にみると、「①縁組、姻戚［親族］関係、②親類縁者、③同盟、連合、④同盟国（者）、⑤協調、⑥類似、親縁性、⑦［植］同族」とある。

　このように、アライアンスとは協力関係を意味する用語であるが、経営用語としての語義を、経営学事典にあたってみると、包含する方法・形態に混乱がある。すなわち、アライアンス（Alliance）とは原義から、M＆A（merger & acquisition：合併・買収）、上下関係を前提とする系列、閉鎖的な特徴をもつ企業集団は除外し、企業間の連携や共同行動を指す、いうもの[注7]と、M＆Aを包含するもの[注8]とがある。つまり、問題はM＆Aを含めるかどうか、である。

　本書では、不採算の関連会社や子会社の互恵的M＆Aは戦略的アライアンスの範疇（category：カテゴリー）から外せない、と考える。今日、なぜアライアンス、しかも戦略的アライアンスなのか、はよく吟味する必要がある。
　日本においても、持株会社（1997年12月、独占禁止法の改正によりこれまで禁止されていた純粋持株会社が解禁された）の傘下に複数の企業を束ねることで、実質的な統合効果を発揮させたり、会社分割によって特定事業のみを切り離して、会社間で売買したり、他社と合併させたりすることが行われ

るようになった。

　産業構造の変化、市場の変化、グローバル・メガコンペティションの激化等により、迅速に事業の「選択と集中」を進めるためには、持株会社の解禁が必要であり、この今日的な意義から、M＆Aが要請されるのである。M＆Aのうち、いわゆる敵対的買収も一般的なものとなった。近年の敵対的買収の事例を次に掲げてみる。

　　　　ミネベア　vs　三協精機（1984～1988年）
　　　　村上ファンド　vs　昭栄（2000年）
　　　　スティール・パートナーズ　vs　ユシロ化学工業（2003年）
　　　　スティール・パートナーズ　vs　ソトー（2003年）
　　　　夢真ホールディングス　vs　日本技術開発（2005年）
　　　　ライブドア　vs　ニッポン放送（2005年）
　　　　楽天　vs　東京放送（2005年）
　　　　村上ファンド　vs　阪神電気鉄道（2005年）
　　　　ドン・キホーテ　vs　オリジン東秀（2006年）
　　　　王子製紙　vs　北越製紙（2006年）
　　　　スティール・パートナーズ　vs　明星食品（2006年）
　　　　スティール・パートナーズ　vs　ブルドックソース（2007年）

　こうした敵対的買収の盛行は、自社の株価を高くしておかなければ、いつ敵対的買収の渦中に巻き込まれてもおかしくない、という産業界のエートス（ギリシャ語 ethos 気風、行動様式）を醸成する。

　上記の近年の日本における敵対的買収[注9]事例のうち、ライブドアと村上ファンドが仕掛けた案件は、法廷に持ち込まれる事件となり、メディアもセンセーショナル（sensational：世間をあっといわせるような様子）に取り上げた。近年のM＆Aの活発化は、日本企業の経営者の心理に少なからず影響を与えた。経営者の心理が自社の"株価を上げておかなければ、企業価値を上げておかなければ"という意識に変容した、とみる。

近年、閉鎖的な日本市場あって内気な国内企業も、自社株買いの励行、投資家（個人投資家含む）向けIR（Investor Relations）活動の盛行、配当性向のアップはこのことを如実に示している。そして、その根因がグローバリゼーションにあることは、第1章で詳述したところである。

　本書でいう「戦略的アライアンス」の概念（諸方法）は、グローバル・メガコンペティションに勝ち抜くための競争戦略を展開するに必要と考えられる他企業との協業をいい、具体的には、戦略的な業務提携、アウトソーシング、ジョイントベンチャー（Joint Venture：合弁事業、事業の主体が会社形態をとるとき、それを「合弁会社」という。中国の用語では「中外合資経営企業」である）、共同R&D（Research & Development）、クロスライセンス、OEM（Original Equipment Manufacturing）等の方法を挙げたい。M&Aについては、敵対的買収を除く。（「敵対的買収」については注記9で詳述）。

4. 戦略的アライアンスの事例とその動機
―今日的企業が戦略的アライアンスを計る切実な情況とは？―

　近年、企業間で共同してグローバル市場における比較優位を築くため、自社の"弱み"を補完するような"強み"をもつパートナーを探し、提携を結ぶ事例が多い。その切実な情況、動機とは何か、実例を挙げて考えてみよう。

① グローバル大連携

　まず、グローバル・メガコンペティションに直面しているグローバル寡占企業の対抗軸形成戦略の典型的事例をみよう。

　新日本製鉄（以下「新日鉄」という）といえば、日本を代表する基礎産業の雄であって、経団連会長を輩出してきた会社である。日中企業交流においても前述のように、1978年5月23日、「上海宝山製鉄所建設に関する日中議

定書」の署名がなされ、同年10月22日には、当時の鄧小平副首相が来日、多忙のところ新日鉄君津製鉄所を訪問したことが端的に示すように、多大な貢献をしてきた会社である。この新日鉄が2007年11月2日、30年前に製鉄所建設の協力をした"教え子"の上海宝山製鉄所（宝鋼集団）と提携拡大で合意した。両社が出資済みの中国での合弁会社で自動車用亜鉛メッキ鋼板の生産能力を倍増させるほか、鉄分を含む副産物のリサイクル合弁等環境保全でも協力することとした。提携先は上海宝山製鉄所（宝鋼集団）に限らない。ブラジル等でも提携強化に取り組んでいる。なぜ、新日鉄は提携を急ぐのか。

2006年に誕生した世界最大手アルセロール・ミタル（ルクセンブルク）への対抗軸をつくるためである。

世界の鉄鋼業界はM＆Aの渦中にある。ミタルが20以上のM＆Aを成功させ、2006年にはアルセロールを買収した。粗鋼生産量は1億1,720万トン、売上高は10兆5,405億円、時価総額は12兆5,356億円（2007年9月末）である。新日鉄の2倍以上の規模であり、もしアルセロール・ミタルが三角合併のスキームを駆使すれば、新日鉄をひと呑みにできるだけの体力をもつ。ミタルに買収されたアルセロールには、新日鉄の"虎の子"の技術が供与されていた。自動車のボディー等に使われる高張力鋼板「ハイテン」の製造技術である。その技術が合弁新会社のアルセロール・ミタルに流出すれば、新日鉄にとって重大な危機になる。新日鉄はミタルがアメリカで傘下に収めた鉄鋼メーカーとも以前からジョイントベンチャーを手掛けてきた。これらがミタルの傘下に入り、どうこれまでの提携関係を処理するかが問題となったのである。世界第2位の新日鉄、世界第3位のJFEスチールの世界鉄鋼業界の中で、新日鉄は2006年3月、国内の住友金属、神戸製鋼とも株式持合い比率を高める、と発表した。資本関係の強化は同業者だけに止まらない。松下電器産業やスズキ等、顧客企業とも株式を持ち合う。（Nikkei Business　2007.10.15号より）。

② 弱みの補完の戦略的アライアンス

次に、日本企業間ではあるが、三菱重工業㈱と日本輸送機械㈱のアライアンス事例を取り上げてみよう。両社は、2007年5月24日、フォークリフト事

業提携を発表した。両社連名のプレスリリースを次に掲げる。

> ## 資本関係の強化および業務提携に関するお知らせ
>
> 　三菱重工業株式会社（社長名等は筆者が省略。以下「三菱重工」という）と日本輸送機械株式会社（同上、以下「ニチユ」という）は、フォークリフト事業提携を強化します。これに伴い、ニチユは42億円の第三者割当増資を実施、三菱重工が全額を引き受け、これにより三菱重工はニチユの筆頭株主になります。両社は現在、国内販売についてフォークリフトの販売協定を締結し、三菱重工は自社ブランドのエンジン車をニチユに、ニチユは自社ブランドのバッテリー車を三菱重工に供給し、相互販売する業務提携関係にありますが、今回のさらなる提携強化により、両社が一体となって業界リーダーを目指します。
>
> 記
>
> 　フォークリフト市場は、アジア諸国での需要増は見られるものの、全体として成熟したものとなり、世界的にも有力メーカーのフォークリフト事業部門の売却等、再編の可能性をはらんだ動きもでてきております。このような業界動向もあり、三菱重工とニチユは、成熟しつつあるフォークリフト業界において勝者として生き残るために、提携関係を更に強化します。
>
> 　提携関係の一環として三菱重工のニチユに対する出資比率を引上げ、資本関係も強化いたします（現状のニチユに対する三菱重工の出資比率は約7.7％）。グローバルに展開し、エンジン車に強い三菱重工と、バッテリー車専業で国内に強力な販売力を持つニチユが相互に補完しあい、株主・顧客・従業員等のステークホルダーに支持されるフォークリフト業界のリーディングメーカーを目指して提携を推進します。国内における提携は包括的に、また海外については両社の既存の枠組みを尊重しつつ、可能な範囲で協力関係を推し進める予定です。

　上掲のプレスリリース文を読むと、「エネルギー（原子力、火力等）」、「宇宙開発（H-ⅡAロケット、宇宙ステーション等）」、「航空」、「船舶・海洋」、

「交通システム（全自動無人運転車両等）」、「物流・運搬」、「環境装置」、「自動車関連」、「産業機械」、「インフラ整備（建設機械等）」、「生活・レジャー（エアコン、客船等）」、「防衛」等、技術力を誇る総合エンジニア会社として成長してきた三菱重工も、個々の事業についてみると、世界での競合がいかに厳しいのかがよく分かる。この日本輸送機㈱とのアライアンスは、「物流・運搬」事業を強化し、グローバル・メガコンペティションに勝ち抜くため、自社のフォークリフト事業の弱みを提携によって補完しようという動機である。

③ "時間を買う"戦略的アライアンス
　　―不採算部門の国内統合、そして海外企業との連携―

　次に、半導体産業の戦略的アライアンスの事例をみよう。冒頭の「はじめに」で例示したように、日本の半導体産業の生産高は1986年〜1991年の6年間、アメリカのそれを凌駕し、世界トップシェアを獲得した。しかし、その後はアメリカからの「半導体協定」等の外圧、「失われた10年」における財務体質の改善といった自社の内在的要請から、成長戦略を積極的に展開する情況になかった。他国の半導体産業の攻勢により、日本の半導体産業は見るも無残な敗走となった。

　ICTあるいはユビキタス社会を先導していくのは、鉄に代わる半導体である。そのシュリンク（縮小・微細化）・モジュール化（共通化）・歩留まり率向上は、半導体を使うエレクトロニクス、自動車、工作機械等の産業にとって競争力の源泉である。そうした日本の半導体産業がどのように巻き返しを図ったのか。
　まず、直近（2006年）のデータをみよう。半導体製造業の世界シェアについては、アイサプライ（iSuppli）社が毎年調べ、プレスリリースしている。2005・2006年の「全世界トップ25半導体サプライヤーの売上ランキング」は、第Ⅲ―1表の通りである。アイサプライ社の調べによれば、2006年の全世界の半導体企業の売り上げは2,692億ドル（＄1＝¥115換算、以下同じ。29兆

第Ⅲ－1表 世界トップ25半導体サプライヤー（2006年、売上ランキング：単位100万ドル）

2005 Rank	2006 Rank	Company Name	2005 Revenue	2006 Revenue	Percent Change	Percent of Total	Cumulative Percentage
1	1	Intel	35,466	31,542	－11.1%	12.1%	12.1%
2	2	Samsung Electronics	17,710	19,842	12.0%	7.6%	19.7%
3	3	Texas Instruments	10,745	12,600	17.3%	4.8%	24.6%
4	4	Toshiba	9,077	10,141	11.7%	3.9%	28.5%
5	5	STMicroelectronics	8,881	9,854	11.0%	3.8%	32.3%
7	6	Renesas Technology	8,107	7,900	－2.6%	3.0%	35.3%
11	7	Hynix	5,560	7,865	41.5%	3.0%	38.3%
15	8	Advanced Micro Devices (AMD)	3,917	7,506	91.6%	2.9%	41.2%
10	9	Freescale Semiconductor	5,598	5,988	7.0%	2.3%	43.5%
9	10	NXP	5,646	5,874	4.0%	2.3%	45.8%
8	11	NEC Electronics	5,708	5,679	－0.5%	2.2%	48.0%
NA	12	Qimonda	0	5,413	0.0%	2.0%	50.0%
12	13	Micron Technology	4,775	5,210	9.1%	2.0%	52.0%
6	14	Infineon Technologies	8,297	5,119	－38.3%	2.0%	54.0%
13	15	Sony	4,574	4,852	6.1%	1.9%	55.9%
16	16	Qualcomm	3,457	4,529	31.0%	1.7%	57.6%
14	17	Matsushita Electric	4,131	4,002	－2.6%	1.5%	59.2%
20	18	Broadcom	2,671	3,668	37.3%	1.4%	60.6%
28	19	Elpida Memory	1,776	3,527	98.6%	1.4%	61.9%
17	20	Sharp Electronics	3,266	3,341	2.3%	1.3%	63.2%
19	21	IBM Microelectronics	2,792	3,172	13.6%	1.2%	64.4%
18	22	Rohm	2,909	2,882	－0.9%	1.1%	65.5%
22	23	Analog Devices	2,428	2,603	7.2%	1.0%	66.5%
24	24	Spansion	2,054	2,579	25.6%	1.0%	67.5%
23	25	nVidia	2,069	2,574	24.4%	1.0%	68.5%
		Other Companies	76,362	81,912	7.3%	31.5%	100.0%
		Total Revenue	237,976	269,194	9.3%	100.0%	

9,230億円）であった。

　売り上げのトップは、アメリカのインテルで31,542百万ドル（3兆6,273億円）、第2位が韓国のサムソン電子で19,842百万ドル（2兆2,818億円）、第3位がアメリカのテキサス・インストラメントの12,600百万ドル（1兆4,490億円）であった。

　日本企業については、トップ25社には、第4位に東芝…10,141百万ドル（1兆1662億円）、第6位にルネサステクノロジ…7,900百万ドル（9,085億円）、第11位にNECエレクトロニクス…5,679百万ドル（6,531億円）、以下、Sony…15位・4,852百万ドル（5,580億円）、松下電器産業…17位・4,002百万ドル（4,625億円）、エルピーダメモリ…19位・3,527百万ドル（4,056億円）、シャープ…20位・3,341百万ドル（3,842億円）、ローム…22位・2,882百万ドル（3,314億円）がランクインしている。

　ランク以外の半導体メーカーを含め、日本企業の世界市場におけるシェアは、2003年の27.0%、04年の25.4%、05年の23.5%、06年の22.4%、と減少を続けている。
　1990年代を通じて、東芝、富士通、NEC，日立製作所、ソニー、三菱電機、三洋電機等の半導体事業は、円高、価格下落（半導体市況の急激な悪化）等により、軒並み大幅な赤字に陥った。
　グローバリゼーションのダイナミズムを活かせず、前出の「業界横並びの戦略不在の経営」、「問題先送りを繰り返す無責任な御神輿（オミコシ）経営」、「相互もたれ合いの共同体的体質に起因する社内、系列先優先の閉鎖性」（2005.2.3.日本経済新聞社説「共同体的な甘えを捨てた新日本型経営」より）、「総花経営・垂直展開型ビジネスモデル」に批判が集中する中、各社はどのような対応をしたのであろうか。

　まず、DRAM（記憶保持動作が必要な随時書き込み読み出しメモリー）事業については、日立製作所とNECが1999年、折半出資会社のエルピーダメモ

リ㈱を設立し、統合・移管した。

　エルピーダメモリには、2003年、三菱電機も自社のDRAM事業を移管した。（第Ⅲ―1表のランキング第19位のElpida Memory。事例として取り上げ、後述する）。

　さらに2003年には、富士通もアメリカ半導体大手のアドバンスト・マイクロ・デバイス（AMD）と、主要半導体のフラッシュメモリー事業を統合した。

　日立製作所と三菱電機は2003年、システムLSI（大規模集積回路）の統合会社にフラッシュメモリー（電気的に一括消去・再書き込み可能なメモリー）、SRAM（記憶保持動作が不要な随時書き込み読み出しメモリー）の2事業も併せて統合した。日立55％・三菱45％出資のルネサステクノロジである（第Ⅲ―1表のランキング第6位のRenesas Technology）。統合前の1999年から、三菱電機は松下電器産業と提携関係にあったが、2007年度中には、ルネサステクノロジは松下電器産業と、薄型テレビなどに使う次世代システムLSIを共同開発することとした。

　このように、自社で抱える半導体事業では、世界の専業メーカーに勝てないことを悟った各社は他社と共同して、半導体事業の統合を図った。その統合会社の一つ、エルピーダの戦略的アライアンスの実態をみてみよう。まず、設立以降の略史を次に掲げてみる。

エルピーダの設立（同社のホームページより）
1999年12月…登記設立（商号：NEC日立メモリ株式会社）
2000年02月…エルピーダメモリ株式会社へ商号変更。
2003年03月…三菱電機㈱よりDRAM事業を譲り受け、開発エンジニアを受け入れる。台湾のPowerchip Semiconductor Corporationとの間でDRAM購入契約を締結。

> 11月…広島大学との間で、包括的研究協力に基本合意。
> 12月…中国を拠点とするファンダリ先であるSemiconductor Manufacturing International Corporationとの間で、同社へのDRAM生産委託に関し契約を締結。
> 2004年11月…東京証券取引所市場第一部に株式上場。
> 2006年02月…シンガポールのFTD Technology Pte.Ltdへ協力を依頼し、その子会社として当社設計業務を行うEdison Semiconductor Pvt（インド）の設立で合意。
> 2007年01月…（生産能力増強のため）DRAM生産合弁会社（Rexchip Electronics Corporation）に関しPowerchip Semiconductor Corporationと正式合意。

　上記の同社社歴にあるように、エルピーダメモリ株式会社は日本電気株式会社（NEC）と株式会社日立製作所（日立）による事業統合（Association）会社である。激変する経営環境に迅速な意思決定ができず、また積極的な投資ができなかった同社は、2002年11月1日、新たに代表取締役社長を迎えた。以前、日本テキサス・インスツルメント副社長等を歴任してきた坂本幸雄氏である。社長就任のメッセージから、氏の動機、考え方（戦略・戦術）をみよう。

　「…。この不況時に、なお且つDRAMへと思われる方がいらっしゃると思いますが、逆に言えば『だから』なのです。私自身海外の会社にいた時期が長いもので、個々のエリアでの日本の強さを良く理解しております。特にDRAMのように継続性のある製品群はその強さを感じます。しかしながら、DRAMについては、その強さを生かす組織や仕事の形態になっておらず、自らが自らの手で弱くしていった感があります。特に、問題は、全てのエリアが有機的につながっていないことだと思います。マイクロン社やサムソン社のように、組織や仕事の形態がシンプルになっておらず、スピード経営が要求される半導体産業では勝ち残って行く事は難しいと思います。私が経営を任されることにより、即断即決を行い、スピード経営を行ってまいります。

3年以内の目標は：
[戦略] 利益を継続的に出しつつ、世界のトップ3位以内に入る。
[戦術]・出来るだけ早い時期に株式上場し、本来的な意味で直接金融によって投資金額等を賄う。
・エルピーダが進出する分野では50％以上の製品で世界ナンバーワンのシェアを取る。
・ファンドリーと社内生産の比率を50％対50％にもって行き、当面想定されるキャパシティ不足や資金不足に対応する。
・日本市場、特に携帯やコンシューマー製品のカバレージを増す。
・利益が出たら従業員に対してはストックオプション、スペシャルボーナス等を支払い、その労苦に報いる。
・早い時期にクリエート、メイク、マーケットの一体化した形に持っていく。
・組織については、出身母体、学歴、年齢、男女差等を加味せずに行う、等々の考え方でエルピーダの事業を出来るだけ早い時期に健全な姿に持っていき、日本における半導体生き残りの一つのモデルにしたいと思います」。

（東北大学の大見忠弘教授は、各所講演において、なぜ日本の情報通信産業が停滞したのか、という問題について、「日本企業には、自分の言葉で自社のビジョン、ミッション、戦略を明確に話すCEOが少ない。」と警鐘を鳴らしている。また、仕事のできる人は、毅然として自己主張する、おかしい事には「おかしい。」とはっきりいうが、ともすればそうした人を除外するのが日本の組織風土である、と危惧する）。

上記のようにして、グローバル・メガコンペティションの渦中で、起死回生の期待をもって生まれたエルピーダメモリ㈱の戦略は、台湾の力昌半導体と提携し、汎用品を生産委託し、パソコン・メーカーに納入する。自社はモバイル端末メーカーやデジタル家電向けのプレミアムDRAMを供給する、という革新的なバリューチェーン、ビジネスモデルをスピーディに構築した、といえる。

④ 50対50の戦略的アライアンス
―機器、コンテンツ、そしてキャリアとの連携―

　今一つ事例を挙げよう。世界的なオーディオ・ビジュアルメーカーのソニーとスウェーデンの通信キャリアのエリクソンとの戦略的アライアンスである。ソニーは、"摩訶不思議"な会社である。その社歴の概要を掲げてみる。

ソニーの社歴（同社ホームページより）

1946年5月	電気通信機および測定器の研究・製作を目的とし、東京都中央区日本橋「白木屋」内に資本金19万円をもって東京通信工業株式会社（東通工）を設立。
1950年07月	日本初のテープレコーダー「G型」発売。
1955年09月	日本初のトランジスタラジオ「TR-55」発売。
1958年01月	社名をソニー株式会社に変更。
1958年12月	東京証券取引所第一部に上場。
1968年05月	米国シービーエス・インクとの合弁（ソニー50％出資）により、シービーエス・ソニーレコード㈱を設立〈1988年1月ソニー100％出資、1991年4月㈱ソニー・ミュージックエンタテインメントに社名変更〉
1970年09月	ニューヨーク証券取引所に上場。
1974年08月	米国カリフォルニア、サンディエゴのカラーブラウン管組立工場稼動開始。日本企業として初めて海外にカラーテレビ一貫生産工場完成。
1975年05月	家庭用ベータ方式ビデオカセットレコーダー"ベータマックス"「SL-6300」を発売。
1979年07月	ヘッドフォンステレオ"ウォークマン"「TPS-L2」発売。
1979年08月	米国ザ・プルデンシャル・インシュアランス・カンパニー・オブ・アメリカとの合弁（ソニー50％出資）によりソニー・プルデンシャル生命保険㈱を設立〈現在のソニー生命保険㈱〉
1983年04月	事業本部制を導入。
1989年11月	米国コロンビア・ピクチャーズエンターテインメント・インクを買収

〈現在のソニー・ピクチャーズエンタテインメント〉
1995年11月：ソニーコミュニケーションネットワーク設立。
1996年10月：ソニー（チャイナ）設立。
1997年06月：執行役員制度を導入。
2001年04月：ソニー銀行㈱設立。
2001年10月：ソニー・エリクソン・モバイルコミュニケーション㈱設立。
2002年06月：委員会等設置会社へ移行。
2004年04月：ソニーファイナンシャルホールディングス㈱設立。
2004年08月：ソニーBMG・ミュージックエンタテインメント設立。
2005年04月：ソニーを含むコンソーシアムによる米国Metro-Goldwyn Mayer（MGM）買収完了。
2005年10月：社内カンパニー制を廃止し、事業本部を中心とした組織に再編。
2005年12月：ソニーコミュニケーションネットワーク㈱を対象とする子会社連動株式を終了。同社は東京証券取引所マザーズに上場。

　戦後の荒廃の中、井深大によって設立された東京通信工業株式会社は、今や連結従業員数163,000人（2007年3月31日現在）、連結売上高8兆2,957億円（2006年度）の世界的なメーカーとなった。取扱製品・サービスは、同社ホームページによれば、次の通りである。

オーディオ：家庭用オーディオ、携帯型オーディオ等
ビ デ オ：ビデオカメラ、デジタルスチルカメラ、DVDビデオプレーヤー/レコーダー
テ レ ビ：液晶テレビ、プロジェクションテレビ、ブラウン管テレビ等
情報・通信：パーソナルコンピューター、プリンターシステム、放送用・業務用オーディオ/ビデオ/モニター、およびその他の業務用機器
半 導 体：LCD、CCD、その他の半導体
コンポーネント：光学ピックアップ、電池、オーディオ/ビデオ/データ記録メディア、データ記録システム

上記のエレクトロニクス製品の他、ゲーム、映画（ハリウッドの映画会社：コロンビアピクチャー（1989年）・MGM（2001年）を買収）、ミュージック、銀行、生命保険、損害保険の事業も手掛けている。そして上記社歴にあるように、2001年、スウェーデンの通信会社エリクソンと合弁会社：ソニー・エリクソン・モバイルコミュニケーション㈱を設立した。
　なぜ、ソニーとエリクソンは合弁会社を設立したのか。その理由は同社の業績説明会プレゼンテーション資料によれば、第Ⅲ―2表の通りである。

　同社の供給する携帯電話端末機は2007年度第1四半期には、世界市場でのシェアが8％まで伸張した。出資は折半、役員は両社から4名ずつ、全世界に7,500名超の従業員を擁しているが、出向者ではなく、新たにリクルート。グローバル本社はロンドンに置いているが、そこはスウェーデン人社員の子供が通う学校と日本人社員の子供が通う学校の距離が等しくなるように選んだとのこと（2006年当時のマイルス・フリントCEOの談）。ここまでいくと、"究極"の戦略的アライアンスといえるだろう。

　前述したことを繰り返すが、近年、日本の上場会社が、なぜ配当を増やし、個人株主へのIRに力を入れ、自社株買いを増やし、取引先との株の持ち合いを復活させているのか。日本では、敵対的買収を仕掛けられた場合、株主総会で否決する方法で防御できる。しかし、グローバルには、これは通用しない。"持ち株を高く買います"、と持ち掛けられれば、売るのが世界の投資家の態度である。先に取り上げたミタルがアルセロールを買収した事例は、その典型であろう。グローバル化すれば、国内での事案といえどもその影響か

第Ⅲ―2表　SONY・ERICSSON 2001-2006 Joint Venture

SONY	ERICSSON
AV technology	Mobile Communication Technology
Product Planning & Design	Operator Relationships
Consumer Marketing/Brand Expertise	Network Infrastructure Business

出所：ソニー・エリクソン、2006.10.13　経営説明会　M.フリント社長のプレゼンテーション資料

ら免れず、日本の経営者心理が"株価を上げておかなければ"、"企業価値を上げておかなければ"、"個人株主を増やさなければ"、"自社株買いの枠を設定しておかなければ"、"取引先と株を持ち合っておかなければ"、という焦燥感に駆られがちになり易い。

また、グローバル・メガコンペティションに勝ち残るためには、バリューチェーンのプロセスに"弱み"をもつことは許されない、弱みをもつビジネスモデルは許されない、しかもその是正には"スピード"が必要、ということであり、その重要な方法が戦略的アライアンスである。

5．日中企業間のアライアンスの諸形態
―日中企業間の戦略的アライアンスの異質性とは？―

中国の外国からの資本受入れは、対外借款、外国企業による直接投資および加工貿易の三つに大きく分かれる。直接投資による企業形態には、いわゆる三資企業…合弁企業、合作企業および独資企業がある。

中国の産業政策（業種毎に規制）によって合弁形態を採らざるをえないが、最近、これらの企業の株式会社化が認められるようになるとともに、徐々に業種規制も緩和されつつある。かくして、外資のインフラ投資、持ち株会社設立、国有企業を買収し合弁化するなど、投資形態は多様化しつつある。

三資企業形態については、『中国経済データハンドブック（*China Economic Data Handbook*）』に簡潔に説明されているので、次に掲げる。

(1) 合弁企業

外国企業が25％以上出資し、中国企業と共同で設立する企業をいう。外国企業と中国企業は各々の出資額に応じて「有限責任」を負う。そして各々は、登録資本に占める出資比率に応じて利益の配分を受ける。最高権限機関は「董事会」（日本では「取締役会」）であり、執行の最高責任者は総経理である。経営期限は業種によって定めなければならないものがある。外資は配当

利益を海外に送金できる。2004年末までの累計で、契約ベース25万社（三資企業全体の49％）、契約額3,795億ドル（同35％）、実行ベース2,224億ドル（同40％）が合弁の形で投資されている。（根拠法…「中外合資経営企業法」：1979年7月公布。1990年4月および2001年3月一部改正。「同実施細則」：1983年9月公布、1986年1月、1987年12月、2001年7月一部改正）。

(原典：『中国農業年鑑』、2005年版、p.226。農業部『中国農業信息網』、「2005年全国郷鎮企業経済運行分析」http：www.agri.gov.cn/xxfb/ t 20060105-529790. htm より作成)。

(2) 合作企業

「契約式合弁企業」（Contractual Joint Venture）ともいう。合作当事者間で、投資条件・収益分配・リスク責任・経営方式等について協議で取り決めることができる。組織形態も独立した法人格を有するものと、有さないものがある。対外開放の当初、法制度が未整備の中で、香港など華僑資本の求めに応じて中国政府が採用したもので、サービス業や加工業など、投資の短期回収型が多かった。郷や鎮といった農村部の政府の出資企業が地元の工業団地土地使用権のみ供給し、資金・設備などその他一切を外国側が投資する形態や、インフラ整備のためのBOT[注10]方式なども増えており、合作期間が数十年に及ぶものもある。2004年までの累計で、契約ベース5万6,000社（三資企業全体の11％）、契約額1,786億ドル（同16％）、実行ベースで897億ドル（同16％）が合作の形で投資されている。

根拠法…「中外合作経営企業法」：1998年4月公布、2000年10月一部改正。「同実施細則」：1995年9月公布。(外国企業との間の委託加工、補償貿易、合作生産、技術協力関係については中国側企業の所有制性質を変えないので、合作には含まない)。

(3) 独資企業

100％外国側が出資する企業。中国法人であり、合弁・合作と同じく「有限責任公司」である。独資企業設立が不可とされる業種もある。また、外国

企業が2社以上出資して設立する場合の独資企業を「外商合弁」と呼び、1社単独出資の企業と区別している。2004年末までの累計で、契約ベース20.3万社（三資企業全体の40％）、契約額5,314億ドル（同48％）、実行ベース2,392億ドル（同43％）が独資の形で投資されている。

<small>（根拠法…「外資企業法」：1986年6月公布、2000年10月一部改正。「同実施細則」：1990年12月公布、2001年4月一部改正。原典：『中国商務年鑑』、2005年版、p.891）。</small>

　中国の外資受入れの動機は"外国の先進技術（特許、生産技術、経営管理技術）を導入したい"、外国企業側の中国進出の動機は"安価な人件費等の低生産コスト、優遇税制の利点を享受したい"ということであろうが、上記の直接投資にはリスクが高く、多大な初期投資コストがかかる。そこで、事業リスクを限定でき、初期コストの比較的低い中国利用方法として、「加工貿易」形態が採られる。

　「加工貿易管理暫定法（第1章・第2条）」によれば、加工貿易とは「保税[注11]扱いで輸入された全て若しくは一部の原材料、補助材料、部品、モジュール部品、包装資材を中国国内企業において、加工あるいは組み立てを行った後、製品を輸出する経済活動である」と定義されている。要は、外国企業が中国国内の生産委託先に原材料などを提供し、生産された製品を外国企業が受け取り、加工賃を支払う一連の取引をいう。この加工貿易の形態としては、次に掲げる「三来一補（来料加工、来件装配、来様加工、補償貿易）」や「進料加工」といわれる諸法がある。

(1) 来料加工

　　外国企業が中国国内企業へ材料を提供し、中国国内企業は外国企業の要求に基づき、製品の加工を行う。加工後の製品は委託企業に引取られる。外国委託企業は中国企業に加工賃を支払う。

(2) 来件装配

　　外国企業は中国国内企業へ部品を提供し、中国企業は外国企業の要求に基づき、組立加工を行う。組立後の製品は外国企業に引取られる。外国企業は中国企業に加工賃を支払う。

(3) 来様加工

　　外国企業は中国国内企業に完成品のサンプルや仕様書などを提供し、中国企業は自ら原材料を調達して加工する。加工後の製品は外国企業に引取られる。外国企業は現地調達の原材料費と加工賃を支払う。

(4) 補償貿易

　　外国企業は中国国内企業に技術や設備等を提供する。中国国内企業は提供された技術や設備等を用いて生産する。外国企業は提供した技術や設備等の対価の全部、または一部として製品を受取る。補償貿易には、外国企業が提供した技術や設備等によって生産された製品をその対価として受取る直接補償貿易と、対価として、生産された製品以外の双方が指定した生産物や役務を充当する間接的補償貿易の二つの方式がある。

(5) 進料加工

　　中国国内企業は自ら外貨を支払い、輸入した原材料を用いて加工し、外国企業に販売する。中国企業は原材料の自社調達の他、製品の仕様、数量、価格、輸出先などを自社の決定に基づき自由に決定することができる。

6. 結び

　本章の第3節の結論部分で、本書でいう「戦略的アライアンス」の概念（諸方法）とは、グローバル・メガコンペティションに勝ち抜くための競争戦略を展開するに必要と考えられる他企業との協業をいい、具体的な諸法としては、戦略的な業務提携、アウトソーシング、ジョイントベンチャー（Joint Venture：合弁事業、事業の主体が会社形態をとるとき、それを「合弁会社」という。中国の用語では「中外合資経営企業」である）、共同R＆D、クロスライセンス、OEM（Original Equipment Manufacturing）等の方法を挙げた。M＆Aについては、敵対的買収を除く、と述べた。これらの諸法のうち、日中企業アライアンス、すなわち日中企業交流ではどのような方法が採られているのであろうか。

中国は第1章でみたように、徐々に国内市場を開放してきた。改革・開放政策へ転換後、初期の頃は地域的に限定して自由市場化（貿易のための）を実験的に試行し、その後も、たとえば改正前の外資企業法（「独資の外資企業に関する法律」）では、国内販売比率や販売価格に対して規制が厳しかった。また、業種毎にもきめ細かく自由化を管理してきた。

　したがって、日中企業交流の中国改革・開放後のアライアンスは、日本側では「世界の工場」を活用するための戦略的アライアンスであって、規制の中でも中国政府に後押しされて、委託加工、合作、合弁形態で行なわれてきた、といえる。（第5章で後述するが、近年、独資形態が増えてきている）。

　さらに、2002年1月に包括的提携を結んだ三洋電機と海爾（ハイアール）、同年5月に同提携を結んだ松下電器産業とTCLの事例は、どちらも中国企業への技術協力を拡大する一方、中国企業の流通チャネル、販売網を獲得したい、という動機による。

　さらに、今後は日本企業の強みである高技術部品の供給、技術相互補完、技術革新タイムスパンの短縮等、生産、販売に止まらない戦略的アライアンスが増加するものと考えられる。

[注記]
1．パクスブリタニカ：Pax Britannica、「イギリスの平和」の意。19世紀に、イギリスがその卓越した海軍力と経済力で維持した平和のこと。ドイツの台頭、第一次大戦の勃発により崩壊した。
2．パクスアメリカーナ：Pax Americana、「アメリカの平和」の意。第二次世界大戦終結後の世界は、アメリカとソ連の覇権の冷戦下、かろうじて保持されていた平和であるから、パックスルッソ＝アメリカーナ（Pax Russo-Americana）あるいはこの時期の平和の本質が核の抑止力にあったことから、パクスヌクレイ（Pax Nuclei）ともいわれる。ソ連解体や東西ドイツの統一による冷戦体制の崩壊（社会主義体制の崩壊）後の1990年代初頭以降の平和は、純粋にアメリカによる平和であり、そこにおけるアメリカン・グローバルスタンダードによるグローバリゼーションを本書では重視していることとなる。
3．エマージング・マーケット：emerging market、アジア、中南米、東欧など新興経済国の金融市場のことをいう。
4．ナレッジマネジメント：Knowledge Management、「個々人が持つ事実、情報、知識及び技能等ナレッジを全社的に共有化し、組織の適切な運営と価値を創造する仕組みを構築して

継続的に発展させる手法のこと。ナレッジとは、個人が獲得した事実、情報、知識や技能をいうが、個人だけでなく企業にも不可欠とされる。経営環境の変化は著しく、絶え間ない変革を余儀なくされていることから、変化する環境に対応できる企業の構築が必要とされ、その取組み方としてナレッジ経営が求められてきている。従来、経営資源は、人、物、金等といわれてきたが、経済活動の発展に伴い、各資源を結びつける存在としての知識が認識され始めた。ナレッジ経営には次の4段階があるとされる。第1は個人が日常活動を通じ知識等を獲得（個人知）、第2は組織として個人の知識等を確保（個人知＋組織知）、第3は全社的に共有化し熟成（個人知＋組織知）、第4は商品開発等に活用（個人知＋組織知）である。」（実践経営学会編『実践経営辞典』、櫻門書房、2006年）。

5．経世済民：けいせいさいみん、中国の古典［東晋の葛洪の著作『抱朴子』内篇（地眞篇）他］に登場する語で文字通りには「世を經（おさ）め、民を濟（すく）う」の意。今日、略して「經濟」（経済）として英語の「economy」の訳語として使われている。本来、政治・統治・行政全般をいう。

6．カルロス・ゴーン：Carlos Ghosn、1996年10月…ルノーに入社、1996年12月…上級副社長（Executive Vice President）に就任（研究部、車両開発部、製造部、パワートレーン部、購買部及びメルコスール市場を担当）、1999年6月…日産自動車のCOO（最高執行責任者）に就任、2000年6月…日産自動車の社長に就任、2001年6月…社長兼CEOに就任。現在（2007年7月）、フランスのルノー社、アメリカのミラント社およびアルコア社の取締役を兼務。

7．アライアンスの概念については、次のような解説がある。「企業同士の協力関係をあらわす用語。身近なところでは、航空会社が組成する連合体や提携体がある。日本の航空会社も参加しているスターアライアンス（Star Alliance）では、航空旅客を獲得し囲い込むために、複数の航空会社がネットワークを形成し、空港ラウンジへのアクセス、簡易チェックイン、共通のマイレージ加算などの特典を提供している。このアライアンスはコンベンショナルな協力関係（conventional alliances）であり、パートナーを活用した航空サービスの向上を狙っている。だが、長期的かつ強力な企業提携を実現するための戦略的アライアンス（strategic alliances）では、国際的ジョイント・ベンチャーの形成、ライセンス契約の締結、異業種間での生産・販売提携なども含まれる。通常の企業活動からは実現できないような企業価値創造を担うのがこの戦略的アライアンスの目的である」（日本経営教育学会25周年記念編纂委員会編『経営教育事典』、2006年版）。また、「複数の企業が、提携、同盟、連合、業務提携、協業などの協力関係を構築することである。アライアンスは独立した企業がそれぞれの戦略的目的に応じて協力関係を作りあげるもので、1つの経営体になる合併や吸収、上下関係を前提とする系列、閉鎖的な特徴をもつ企業集団などとは異なる。独立的関係という点で伝統的なジョイントベンチャー（JV：合弁会社、共同企業体）もアライアンスに含まれるが、いくつかの点で対比できる。たとえば、伝統的JVは、規模の経済性、範囲の経済性、技術の補完性、リスクの分散など固定的な目的のために相対的に少数の企業で結成するが、アライアンスは、多数の異質な企業同士が結びつくことで得られる創造的なシナジー効果に着目する。たとえば、新技術や革新的ビジネスモデルによって新市場を創出したり、共通の仕様やプラットフォームを形成してデファクトスタンダードを構築したり、1社では提供できない価値を生み出し、顧客の要望にいち早く応えようとする。JVが契約に縛られる関係であるのに対して、アライアンスは戦略にもとづく協力関係といえる。ハメル（Gary

Hamel)とドーズ(Yves L.Doz)は戦略的アライアンスには、①コオプション(潜在的なライバルや補完的関係者との提携によって新しいビジネスを生み出そうとすること)、②コスペシャリゼーション(経営資源や業界地位、スキル、知識などを結びつけてシナジー効果を生み出すこと)、③学習内部化(アライアンスの相手から学ぶこと)の三つが大切としている。(ハメル&ドーズ『競争優位のアライアンス戦略』、ダイヤモンド社、p.5)。ただし、そのために、相手に技術や知識を盗まれるリスクもあり、契約関係の不備から問題に発展する可能性もある。アライアンスを組むにあたっては、コミュニケーションを蜜にしてWin-Winの関係を築くようにしなければならない」(実践経営学会編『実践経営辞典』、2006年)。

8．アライアンスの形態の中に、M&Aを含めている解説としては、次のものがある。「アライアンス：企業間においてさまざまな形態で行われる提携のこと。近年、情報技術の発達などによる企業経営環境の急速な変化に対応するためには、従来以上に多様な経営資源を準備する必要がある。しかし、多様な経営資源を自前で準備することは大企業にとっても不可能となりつつある。また、すべての経営資源の自社調達は、陳腐化のリスクも増大させる。こうしたリスクを軽減し、かつ迅速な変化への対応を可能とするためにアライアンスの重要性が高まっている。アライアンスの形態は、資本参加の有無や割合、目的、規模や範囲にしたがって多様である。代表的な形態としては、業務提携、アウトソーシング、M&A、出資、ジョイント・ベンチャー、共同開発、OEM (Original Equipment Manufacuturing、相手先ブランドによる生産)、フランチャイズ、コンソーシアムなどが挙げられる。近年では、柔軟な対応が可能であり、より戦略的なアライアンスである戦略提携 (Strategic Alliance) が注目を集めている。従来のアライアンスと比較した場合、戦略提携は目的が明確であり、その目的もより積極的であるという点で戦略的である。例えば、必要資源の最適調達という観点から企業の内外を問わず提携先を検討し、提携を行う。したがって、ある分野では競合している企業間で提携が行われる場合もある。また、自社の足りない部分を補完する意味合いが強かった従来のアライアンスと異なり、アライアンスを通じたコラボレーションによって新しい知識を創造し、競争優位を確立することを目的とするケースも多い。こうしたより積極的なアライアンスを成功させるには密接なコラボレーションが必要であるが、それは同時に自社の競争優位の流出、企業文化の変容や崩壊などのリスクが考えられる。それらに対応するためにアライアンス締結の際のより詳細なルールの設定などが必要となる。(経営能力開発センター編『経営学検定試験公式テキスト―試験ガイド&キーワード集―』、2003年版)。

9．敵対的買収：アライアンスを資本関係に踏み入って考察すれば、それが伴わなければ「弱いアライアンス」で原義に近い概念であろうが、それを伴えば「強いアライアンス」で、最も強固なアライアンスと考えられるのが、異なる二つの会社が法的にも統合する「合併」である。近年、M&Aで問題となっているのは、敵対的買収(hostile takeover)である。これは「買収対象会社のその時点の経営者に対して友好的でない買収」をいい、通常は「買収対象会社の取締役会による同意が得られていない買収」をいう。経営陣が買収提案に同意しない場合には、買収防衛策の導入が図られたり、株主に対し、会社経営陣として買収提案に応じないよう働きかけが行われたりすることから、買収の成否をめぐって、買収提案者と会社経営陣などを中心に激しい競争がなされることとなる。(ただ、「敵対的」買収という文脈で

の「敵対的」との表現は、現経営者と買収提案者が「敵対的」なことを意味するだけであり、買収の提案内容とは中立的な株主や投資家・従業員・社会一般にとっては、敵対的・有害な買収であることを意味しているものではない、ことは留意すべきであろう)。従来、日本企業は敵対的買収に備えて、企業間で株式を持ち合ってきた。持ち合いは企業と金融機関などとの間でみられる。企業と金融機関の関係においては、第4章で日本的経営文化との関連でも論じるが、取引関係の安定・継続を図るうえで利点がある。また保険会社や従業員持株会は、安定株主としての役割が期待される。さらに個人株主にも長期安定保有を促すため、株主優待などの仕組みが発達した。しかし、デフレ不況が続くもとで、企業保有資産の効率化の視点から、保有資産としての株式の低収益性、継続的取引が企業間の競争的な効率性の改善に支障になること等、持ち合いの負の面が盛んに指摘されるようになった。また時価会計の導入によって、株式保有の資産価値が変動するようになり、株式保有のリスクが表面化するようになった。資産効率、資金効率の問題ばかりではない。たとえば、系列取引についても、長期継続取引を前提にして設備投資を促し、品質の確保を促しやすい等、多くの利点があったが、外資や新興企業の新規参入を阻み、市場競争を促進するうえで大きな障壁となる、との指摘が多くなった。調達企業側にとっても、デフレ不況の深刻化の中、従来の取引関係にとらわれず、調達先を広げ値引き交渉を行い、大幅なコストダウンを図ることも必要、との指摘も増えてきた。しかし、上記の理由から経営者心理も変容するかにみえた株式持合いも、2006年には、企業買収の制度が整備される中、個人株主の長期保有を促すことと合わせて、伝統的な企業買収対策である株式持ち合いの強化が図られるようになった。それは必ずしも明示的な宣言の要素を伴わず、市場に対して大きな影響を与えずに進められる防衛策だからである。具体的には、企業間の取引関係の強化を表向きの理由として、第三者割当増資を行うといったやり方で実施されている。このような買収防衛策の議論に対して、そもそも企業が買収の脅威にさらされるのは、実現できる株価に比べて、高株価が実現できていないためであるとして、企業価値の向上を図ることが最良の買収防衛策であるとの議論も繰り返されている。このような議論では、株主への利益還元を図ること、たとえば増配や自社株買い取りを進めること等、株価向上のための施策が企業買収防衛策として指摘されている。

10. BOT方式：PFI (Private Finance Initiative) の事業方式の一つ。PFIとは、民間の資金、経営能力および技術的能力を活用することによって、公共施設等の建設、維持管理、運営等を行う手法のこと。国や地方公共団体が業務を行うより、効率的に質の高いサービスを提供することを目指す。「民間資金等の活用による公共施設等の整備等の促進に関する法律」(PFI法) が1999年7月に制定され、具体的な取り組みが始まった。イギリスでは、1992年に導入され、一定の効果をおさめた。

　　うち、BOT方式とは、民間事業者が自らの資金で対象施設を建設し (Build)、維持管理・運営を行い (Own)、事業終了後に所有権を公共へ移転する (Tranfer) 形式のこと、をいう。

11. 保税：「保税」とは、輸出入貨物について税関手続きが未済である状態をいい、保税のまま輸出入貨物を蔵置することのできる場所を「保税地域」という。そのため貨物を「保税区」に置くかぎり、輸入関税も課せられないことになる。その一方、保税区から国内の別地域に貨物を移動させる場合には、輸出入と同様の手続きと税の支払いが必要になる。

[参考文献]

1．㈱パワートレーディング編『中国ビジネス進出の手続き・現地実務に必携 改訂増補 中国投資・会社設立 ガイドブック』、明日香出版、2005年。
2．㈱パワートレーディング編『中国進出企業 経営戦略 ガイドブック』、明日香出版、2005年。
3．水野真澄著『中国ビジネス 組織変更・撤退 完全マニュアル』、明日香出版、2006年。
4．H. Igor Ansoff, *Corporate Strategy*, McGraw-Hill,Inc.,1965. H.Ⅰ.アンゾフ著、広田寿亮訳『企業戦略論』、産業能率短期大学出版部、1972年。
5．郭洋春監修／郭ゼミナール著『6つの戦略から学ぶ 中国進出企業のためのビジネスモデル』、有限会社唯学書房、2004年。
6．富士グローバルネットワーク監修、有限会社バウンド編『グローバルな産業の動きがわかる 世界業界地図 2005年版』、新紀元社、2005年。
7．稲垣清＋21世紀中国総研著『中国進出企業地図［日系企業・業種別篇］』、蒼蒼社、2006年。
8．丸山和雄編『中国産業ハンドブック 2005－2006年版』、蒼蒼社、2006年。
9．21世紀中国総研編『中国進出企業一覧 上場会社篇 2007－2008年版』、蒼蒼社、2007年。
10．21世紀中国総研編『中国進出企業一覧 非上場会社篇 2005－2006年版』、蒼蒼社、2006年。
11．㈱チャイナワーク編『中国投資 マーケティング戦略マップ』、明日香出版、2002年。
12．唐津一著『中国は日本を追い抜けない！』、PHP研究所、2004年。
12．泉谷渉著『日本半導体 起死回生の逆転—デジタル家電と車載ICで日本が復活する日—』、東洋経済新報社、2003年。
13．泉谷渉著『これが半導体の全貌だ！』、かんき出版、2004年。
14．山崎清・竹田志郎編『テキストブック 国際経営』、有斐閣、1999年。
15．小椋康宏編『日本経営学基礎シリーズ4 環境経営論』、学文社、1998年。

column 『権威』より

　本書の第3章では、「戦略的アライアンス」がテーマでした。この語句のうちの「戦略」について、何かコラムを書こうとして思い浮かんだのが、後藤静香著『権威』（社会教育団体「心の家」発行、1985年、初版は1921年）です。

　「戦略」は近年、よく経営用語として使われていますが、元々は軍事用語です。"敵に対する"という含意があります。経営であれば、"競争者に対する"ということでしょう。企業間競争での「競争」とは、"相手を陥れる"ということではありません。お互いに「理想」を目指して"切磋琢磨"することです。ビジネスでは、毎期、理想すなわち目標を掲げて必達するように切磋琢磨します。そうした時に、仕事の先輩から紹介された短文集が『権威』でした。3編を次に掲げます。ぜひ自分の「理想」を「目標」として（仕事以外の事でも）立てる時、自分の個性を見失ってそれを呼び起こしたい時、思い出してほしいと思います。

第一歩

十里の旅の第一歩　　　　　同じ一歩でも覚悟がちがう

百里の旅の第一歩　　　　　どこまで行くつもりか

同じ一歩でも覚悟がちがう　どこまで登るつもりか

三笠山にのぼる第一歩　　　目標が

富士山にのぼる第一歩　　　その日その日を支配する

松の木

左につかえると右へ
右につかえると左へ
一分でも一厘でも
伸びられるとき
伸びられる方へ伸びておく
木の根はかしこい

大きい岩を真二つにわって
天を摩するまでに
伸びきった松の木
えらい力だな
お前には敬服する

大根

大根を掘って
洗って
純白な肌を
しみじみと眺める
黒土の中から
どうしてこれほど真白いものが

生まれて来るのだろう
にんじんを掘ると
赤い
ふしぎな気がして
あたまがさがる

第4章
日中企業の経営文化
Managerial Culture on Japanese and Chinese Corporations

道脇の動画広告。上海市内（賈 雪梅撮影）

要旨

　「経営文化」とは、企業が設立されて、長年に亘り学習され、培かわれ、構成員に共有されてきた経営（administration）・管理（management）に係る精神的、物質的および社会的な見方・考え方、仕方・様式（以下、「方式」という）の総称である。経営理念、経営哲学といった価値規範の精神的文化、生産方式、配送方法といった物質的文化、および社風、人事規程、職場のコミュニケーションといった社会的文化の総称である。「企業文化」は、企業の全社的なそうした方式であり、「組織文化」は、企業に限らず公的組織等、組織一般のそうした方式をいう。

　なぜトヨタ自動車㈱が"グローバル・フロントランナー"に成りえたのか、なぜ日本には創業100年を超えるような長寿企業が多いのか、なぜ日本の大企業の中には少なからず近江商人を祖とするものが多いのか、の基因には、日本固有の経営文化がある。それは、自社、グループ企業および系列取引先をも"一家"であるという意識を潜在的にもつことから生まれる擬制的集団のネットワーク文化、および"稲作文化"的な長期的志向の精神的文化を特徴とする。

Key Words
経営文化、企業文化、組織文化、擬制的集団主義　分解経営
稲作型経営　長期思考　利益至上主義　垂直展開型ビジネスモデル
水平展開型ビジネスモデル　垂直分裂

1. まえがき

―なぜ、トヨタは世界の自動車産業のリーダーと成りえたのか？―
―なぜ、日本には長寿企業が多いのか？―
―なぜ、今も近江商人の経営理念が語られるのか？―

　経営学の基本テキストには、ヘンリー・フォードが発案し、自動車業界のみならず他の加工組立産業にも取り入れられ、大量生産・大量流通・大量消費社会を現出させた「移動組立法」およびその経営理念である「フォーディズム」がよく取り上げられている。「黒色でさえあればどんな色を注文しても応じます。」というジョークで有名な「モデルT」は、標準化（standardization）・専門化（specialization）・単純化（simplification）・同時化（synchronization）原則を取り入れて造られた車で、劇的なコスト削減に成功。当時、富裕層のみの所有であった自動車を一般大衆用に開発、普及させ、アメリカの経済社会の「経営文化」に革命をもたらした。（アメリカの強み：第2章前述）。

　GM（ゼネラル・モーターズ）も、アメリカを代表する巨大企業であり、「財布の中身に応じます。」で有名なマーケット・セグメントのニーズに合わせた車を造り、「マーケティング論」や「組織論―事業部制組織―」の事例としてよく取り上げられている。

　GMの"中興の祖"であったアルフレッド・P・スローン・ジュニア著、田中融二・狩野貞子・石川博友訳『GMとともに：*My Years With General Motors*』［ダイヤモンド社、1967年（原書1963年）］の和書は18版を重ね、日本人にもよく読まれた本である。副題には「世界最大企業の経営哲学と成長戦略」とある。GMがいかに当時のグローバル企業であったか、一部引用してみよう。

　　「本書の中で、私はゼネラル・モーターズの発展のあとをたどろうと試みた。世界最大の企業について、語るべきことは多い。その歴史は、今世紀と、地球上の多くの場所を―車の走れる道路のあるところならどこでも―カバーしている。それはまた、近代的工業技術の発展にも関係している。具体的に

は、GMは市場において、シボレー、ポンテアック、ビュイック、キャデラックおよびGMCトラック＆コーチの各車種によって代表され、今日アメリカおよびカナダで生産される乗用車およびトラックの約半数の生産者である。その海外事業——イギリスのボクスホール、ドイツのアダム・オペル、豪州のGM・ホールデン、それにアルゼンチンとブラジルにある生産工場——は、1962年、アメリカとカナダ以外の自由世界の乗用車とトラックの約十分の一を生産した。GMはまた世界の機関車、ディーゼルおよびガス・タービン・エンジンおよび家庭電機の相当量をも生産している。（中略）。

　GMの発展を解明するには、その背景にある雑多な要素についての理解が必要である。GMの存立は、アメリカという国なくしては考えられない。積極的で企業心に富んだ国民性。科学と技術、ビジネスと産業上の知識を含む資源。広大な国土と道路と豊かな市場。変化と機動性と大量生産という特色。巨大な産業構造と、自由な体制一般と、とりわけ自由競争を根本とした企業。アメリカの自動車市場に固有の性格に適応することは、GMが発展してゆくうえで微妙かつ複雑な意味をもっていた。（中略）。

　…。1962年、GMの株主総数は100万を越え、従業員数は60万人、資産92億ドル、売上146億ドル、利益は14億6,000万ドルであった」。

　長く世界の自動車産業の雄として君臨してきたフォード、GMの両社も、1973年・1979年のオイルショック以降、自国の巨大市場に小型で燃費がよく、故障の少ない日本車が輸出されるにつれて、競争力に危惧が持たれるようになった。アメリカは自国の自動車産業を守るべく、輸出台数の規制を日本に迫らざるをえなかった。1970年代から80年代を通じて、アメリカ国内には、大幅な貿易赤字の原因を日本車の輸入の増勢に求める声が強まった。労働界も、アメリカ国内の失業率増大の原因を日本車の輸入増大に求めた。近年、フォード、GMの両社は、財務的な不安が絶えず、株価は低迷、実質的には、世界の自動車産業のリーダーとしての地位をトヨタに譲っている。

　このトヨタであるが、同社のホームページから近年の決算データをみると、2003年度から4年間の同社の連結純利益は、次に示すように1兆円を超えている。

2003年3学期…　　7,500億円
2004年3学期…　11,620億円
2005年3学期…　11,710億円
2006年3学期…　13,720億円
2007年3学期…　16,440億円

　以前から「トヨタ銀行」いわれる程、財務体質は強固であったが、日本を代表する"エクセレンス（Excellence：超優良[注1]）"な企業として、内外に認められている。
　なぜ、トヨタはこのように、世界の自動車産業の"グローバル・フロントランナー"、"エクセレンス"な企業と成りえたのであろうか。
　また、日本には創業100年を越える長寿企業が数万社ある、という。実は、日本は知られざる「長寿企業大国」である、という[注2]。
　特に、関西には長寿企業が多い。そこで、100年以上の長きに亘り、顧客の愛顧と信頼を得て経営を続け、良好な業績をあげている企業とはどのような存在なのか、1990年に結成された「大阪『NOREN』百年会」にみよう。同所は、『暖簾百彩─永続は企業の真髄なり─』を発行している。「味わう」「技わざ」「創る」「装う」「健やか」「商う」「伝える」という七つの区分（業種）で紹介されているが、それぞれ2～3、具体的な企業を次に掲げてみよう。

　　　「味わう」─飲食品製造・卸・販売、飲食業─
　　　　㈱小鯛雀鮨鮨萬（創業承應2年　1653年）
　　　　㈱二ツ井戸津の清（創業宝暦2年　1752年）
　　　「技わざ」─伝統工芸品・卸・販売─
　　　　㈱山中大仏堂（創業元禄2年　1689年）
　　　　㈱錫半（創業正徳4年　1714年）
　　　　㈱玉初堂（創業文化元年　1804年）
　　　「創る」─土木、建築、設計、工業用品・卸・販売─
　　　　㈱金剛組（創業飛鳥時代　　586年）
　　　　㈱橘屋寿久（創業享保元年　1716年）

「装う」──和洋装品、繊維製品・資材、宝石・貴金属、装飾品製造・卸・販売──
　㈱大阪西川（創業永禄9年　1566年）
　㈱ウエムラ（創業元禄2年　1689年）

「健やか」──医薬品、医薬機器製造・卸・販売、健康産業──
　樋屋製薬㈱（創業元和8年　1622年）
　田辺製薬㈱（創業延宝6年　1678年）

「商う」──小売業・商社──
　㈱大丸（創業享保2年　1717年）
　㈱澁谷利兵衛商店（創業享保9年　1724年）

「伝える」──情報産業、出版、鉄道等──
　ワラヂヤ出版㈱（創業明治5年　1872年）
　ザ・パック㈱（創業明治11年1878年）

　うち、㈱金剛組は、世界最古の企業といわれている。『暖簾百彩』には、「我が社の方針」として、同社の歴史が書かれている。いかに長寿かが分かる。

　「当社は今から1400年前、聖徳太子が四天王寺建立の寺大工として百済から呼び寄せた3人の工匠の1人、初代の金剛重光が日本に残り、四天王寺を守る重責を授かることになったのが始まりで、以来、現在まで39代に亘って代々自社建築の技術を伝えながら続いて来ております。この長い間、伝えられてきた寺社建築を後世へ伝えていくことが当社の使命と考えますので、家業として末永く経営を続け、寺社造営、技術の伝承に力を注いでまいりたいと考えております。その考えは、32代目金剛興八郎喜定の遺言書に、家職を勤めるためには儒仏神3教に通じ、また初心に帰る重要性などの心得を説いた『職家心得之事』が記されております。その教えを守るためにも、大きな企業にするような事には走らず、良い仕事振り、良い技術を持って、一つ一つに心を込めながら堅実に経営をすすめ、信頼される会社、愛される会社として『のれん』を守って行きたいと考えています」。

　なぜ日本では、上記の企業のような長寿企業が数多く存在しているのか。

たとえば、韓国には、「三代続く店はない」ということわざがあるように、100年以上の歴史のある会社はないと、また4000年の歴史のある中国でも100年以上続く事業はごくわずかと聴く。こうした事実の後背には、どのような根因があるのだろう。

　ところで、前掲「『暖簾百彩』の長寿企業の中に、㈱大阪西川（2004年、「西川リビング」に名称変更）がある。その創業は、本社の西川産業のホームページによれば、1549年、近江国蒲生郡南津田村に出生した初代仁右衛門が1566年、19歳で蚊帳・生活用品販売業を開業したことによる、とある。つまり、西川は、近江商人である。その祖が近江商人とする企業には、伊藤忠商事、丸紅、高島屋、日本生命、ワコールなど、今日では世界的な大企業も多い。「近江商人」をインターネットで検索してみると、近江商人縁（ゆかり）の企業として、前述のトヨタが出てくる。

　トヨタは「豊田自動織機」で創業した豊田佐吉を祖とし、佐吉は現在の愛知県豊田市の出であるが、「近江商人縁」というのは、トヨタが戦後まもなくして倒産しかかった時に再建を果たした中興の祖、石田退三が近江商人の末裔であったからである。石田は貿易会社を経営していたが、豊田佐吉に見出され、豊田自動織機に入社した。1927年のことである。佐吉の死後も彼は豊田織機の重役として働き続け、戦後の1945年、豊田織機社長に就任した。近江商人とは現在の滋賀県、琵琶湖周辺出身の商人で、その特徴は遠隔地行商から始まったことにある。

　なぜ、今日的大企業に、近江商人を祖とするものが多いのか。

　さて、筆者らは、なぜトヨタが"グローバル・フロントランナー"になれたのか、なぜ日本には諸外国と比較して長寿企業が多いのか、長寿企業には非上場会社が多いが、それらとは別に、なぜ日本の上場会社の中に近江商人を祖とする企業が少なからずあるのか、といった諸問題について、諸因は考えられようが、その主因はそれらの経営文化にある、と考える。

　そして、日本的経営文化は日本固有のものである。したがって、中国に進出する場合には異文化摩擦を引き起こすことが懸念され、中国の経営文化との擦り合わせがどのようになされているのか、そしてどのように融合してい

くのか、がまさに筆者らの関心事である。

本題に入るに当たって、本章では、経営文化の意義、いわゆる日本的経営の特徴、その1990年代以降の変化、および急成長の著しい中国企業の経営文化を考察しよう。

2. 経営文化の概念と意義
―なぜ今、経営文化が問題視されるのか？―

まず、経営文化とは何か、みておこう。林（1993年）は、「文化」について次のように述べている[注3]。

> 「文化には、当然のことながら、衣食住様式のような有形の物質文化と、価値規範体系のような無形の精神文化とがあります。また両者の中間には、挨拶の仕方とか、酒の飲み方とか、家族づきあいとか、賞罰の仕方とかのような社会文化を置いて考えることもできます。しかしそれらは政・経に対置すれば、引っくるめて均しなみに大きく文化と称せます。物質文化と精神文化とを比較すると、前者のほうが、後者より相対的には可変性があります。
> 　社会の構造づくりに参与している政・経要素と文化要素との相違点は、前者が主として合理的、技術的、客観的にシステムを構成しているのに対し、後者が非合理的、規範的、主観的に問題を構築することに関与している点です。（中略）。
> 　一言でいうと文化とは、人間の物質生活、精神生活などのあらゆる生活の仕方のうち、人が後天的な学習により、その社会から習得した一切のものの総称です。他人と会ったときの挨拶の仕方、食事の作法、エスカレータの乗り方、会議の進め方などは、すべて文化の一部です。そのような文化は、したがって人間が作りだし、世代から世代へと伝えられ、また時代とともに変化してゆくものです。（中略）。
> 　その意味では、文化は別な表現をもってすれば、生物学的な遺産の所産ではなく、社会的な遺伝のそれであるとも言えます。…とまれ人間は各種の学

習によって、言語を形成し、知識の伝達や蓄積などのコミュニケーション活動を行い、心意の交換や思考の深化をさせてきましたし、また各種の道具や生産物の作り方を歴史的に継承してきました。今日の私たちを取り巻く（あるいは私たちの所属している）企業などの組織体も、その運営・経営のやり方や商取引契約の流儀などにおいて、それ相応に過去の文化の所産を受けつぎ、かつそれを変化させ、創造し、伝播活動を行っていると言えます」。

（林教授の文化の概念規定にしたがえば、「経営文化」には、たとえばトヨタ生産方式のような物質的文化、豊田綱領（後掲する）のような精神的文化、およびトヨタ協力企業のグループ・ネットワーキングのような社会的文化がある、と例示できよう）。

さて、この企業が生来学習し、受けつがれ、経営者や従業員に共有されてきた経営・管理、そしてその経営・管理に係る見方・考え方、仕事の仕方・様式（以下、「方式」という）である経営文化は、なぜ今、注目されているのか。

一つは「ナレッジマネジメント」や「見えざる資産」が要請される時代になってきたからであり、二つは、第1章で考察したように、グローバリゼーションが進展する中で、国際間に何か問題が生じた時、各国の文化的異質性が脚光を浴びやすいからである。まず、一つ目の問題から考えてみよう。昨今、経営学の問題として、「見えざる資産」がクローズアップされている。一橋大学の伊藤邦雄教授は、「無形資産の時代」と題して、次のように述べている。

「…。環境変化でもっとも大きなものは、日本の企業システムの特徴とされてきた株式持ち合いの崩壊である。株式を持ち合ったり、取引金融機関が安定株主として君臨する限り、これまで企業の合併・買収（M&A）の恐怖とは無縁だった。ところが、会計ビッグバンの一環として、企業の保有する有価証券の時価評価が義務づけられることになり、一気に持ち合い解消が進んだ。このためM&Aを防ぐためにも企業価値を高める経営が求められるようになった。

一方、こうした日本に固有の環境変化の背後で、実は世界的に大きな地殻変動が起こっていたのである。それは、いったい、何が企業価値を決めてい

るかをめぐる問題である。企業は様々な資源を持つ。大別すれば有形資産と無形資産がある。世界の各種研究成果によれば、企業価値を決めるのは、1980年代までは有形資産だったが、90年代以降は無形資産がより大きな影響を与えていることが一致して証明されている。

　この地殻変動は、もう一つの大きな発見によって裏付けられた。会計情報の有用性の低下が各種の調査で証明されたのである。つまり、現行の利益情報や貸借対照表（バランスシート）の情報による企業価値の説明能力が、90年代以降かなり低下しているのである。バランスシートには現れない無形資産が企業価値に強く影響しており、そうした情報をバランスシートに表示しない現行の会計は『アンテーク』だと批判されはじめている[注4]」。

　資産とはまた、「経営資源」とも換言できる。経営資源は一般には、①ヒト、②モノ、③カネおよび④情報に分けられるが、このうち④「情報」には、「企業活動に必要な技術やノウハウ、市場に関する情報、ブランド・ロイヤリティ、企業イメージ、企業や組織の文化や風土、企業の経営能力、従業員のモラールなど、無形の経営資源全般[注5]」が含まれる。

　このうち、「企業や組織の文化」については、「組織文化」、「企業文化」、「経営文化」と類似語があるが、いずれにしても、当該の経営体において、長年に亘り学習され、培われ、構成員に共有されてきた「方式」の総称であり、その内外に有効とみなされる機能をもち、また経営に独自性をもたらすものである。うち、企業全体のそれが「企業文化（business culture, corporate culture）」であり、事業あるいは職能文化、また、組織一般の文化、あるいは企業においてもその組織構造のそうした「方式」を「組織文化」と、そしてそれら全てを総称して「経営文化」という。

　「見える資産」である土地・建物、機械設備、原材料、仕掛品、製品在庫等、モノは資産価値が上がる経済成長期には投資効率が高い。しかし、市場が成熟化し、土地・株価が暴落してバブル経済が破綻、財務体質の是正を求められたこの「失われた10年」においては、利益の産まない資産は整理せざるを得なかった。成熟したマーケットに多数の競争者がひしめき合い、しかも経営環境が激変するグローバリゼーションの時代になると、ブランド、技

術力、経営文化、すなわち「見えざる資産」が競争力の源泉と、考えられるようになった。

次に二つ目の日本とアメリカの通商問題が起こる度に、あるいはアメリカ経営に疑問（MBA教育のあり方も含め）が生まれる度に、あるいは国際競争力の比較優位あるいは比較劣位が問題にされる度に、日本的経営の異質性、すなわち経営文化的側面が脚光をあびる問題をみよう。

戦後、日本が高度経済成長を続けるにつれ、なぜ日本は非西欧国家として初めて先進国といわれるまでになり、高度経済成長を成し遂げ、いくつかの産業でアメリカを凌駕するまでになったのか、が研究された。

その最盛期の1980年代、半導体産業、工作機械産業、自動車産業、鉄鋼産業等一国経済を支える、あるいは将来的に重要なハイテク産業においてさえ、日本が国際競争力を高めたことから、特に日本の産業・経営に脚光が当たった。たとえば、MIT産業生産性調査委員会の米日欧産業比較調査研究[注6]、大統領経済諮問委員会委員長ローラ・タイソンの日米半導体協定、欧州でのVCR輸入規制、電気通信MOSS協議等の戦略的管理貿易に係る研究[注7]等である。

前者の報告書 "Made in America—アメリカ再生のための米欧日産業比較—" の序文から引用し、当時のアメリカの危機感をみよう。

> 「1986年も終わりに近づいたころ、マサチューセッツ工科大学は、第二次世界大戦以降のアメリカの主要課題を検討する、同大学ではじめての調査委員会を発足させた。調査委員会の発足にあたり、MITでは、アメリカの国家経済の将来を脅かすほど深刻だと思われるインダストリアル・パフォーマンス低下の問題に焦点を絞った。…、われわれとしては、まずマサチューセッツ工科大学のポール・グレイ（Paul Gray）総長の問題提起、すなわち、
> ○アメリカのインダストリアル・パフォーマンスに生じた異変は何か、
> ○事態の打開と改善のために、われわれを含めてアメリカができることは何かという点を作業の焦点とし、本書の執筆には全委員があたった」。

さらに、この報告書の「日本語版への序文」から引用し、日本の異質性への言及をみよう。

「…本調査委員会は、アメリカ人が自国の経済実績と社会を改善するために為さねばならないことは多いとの結論を得ている。…他の先進諸国において事業を行うよりも、日本において事業を行う方がはるかに困難だとの報告を行っている…。さらに、各種の経済指標が示すところによれば、日本経済は国際取引の場で、より閉鎖的であるとの指摘もある。

その原因は多くの場合、輸入割当、関税、あるいはその他の国境における諸規制などにはないと思われる。障壁はむしろ、日本のミクロ経済機構に根差したものであろうとわれわれは考えている。すなわち企業間協調とか、政府と産業界との相互支援体制、さらには政府による調達の慣行とか、メーカー、供給業者、流通業者間の緊密なネットワークなどである。

こうした関係のあり方が、これまでの日本の強さの源泉であり、驚異的な経済成長をもたらした決定的要因でさえあっただろう。興味深いことに、アメリカに関するわれわれの分析によると、大量生産というアメリカが歴史的に培ってきた強さが、逆に今日の新しい経済環境に対応するうえで必要な変革にとって障害になっていることである。そこで、日本の読者に問いかけたいのは、日本が歴史的に培ってきた強さが、今日、国際経済の場に日本が全面的に参入していこうとする場合の障害となり、日本が大きな役割を果たしている世界市場において、かえって日本の弱みになってしまうのではないか、ということである」。

(この末文の指摘こそ、日本の経営学者が解明しなければならない問題であろう)。

1970年代から1980年代にかけて、アメリカにおいては日本的経営礼賛の感があった。

1983年、T. J. ピーターズ、R. H. ウォータマン著『エクセレント・カンパニー』(Thomas J. Peters & Robert H. Waterman, Jr., *In Searrch of Excellence*) が公刊された。かれらは、アメリカの優良企業、すなわち、長期に亘る優秀さの判定基準…①年平均資産成長率、②年平均資本金増加率、③市場価格対

帳簿価格の比率、④使用総資本利益率の平均、⑤資本金収益率、⑥売上高収益率、および革新性の基準にパスした43社を入念に調査し、「超優良企業」の条件を抽出した。この本の序文の一部を引用してみる。

「…われわれアメリカの経営人は、日本企業の成功を、ともすると、"日本的"独特の理由として理解し、また、だからこそアメリカがそうできなくて当然、というようにひとつの言い訳を一生懸命見出そうとしていました。私たちの研究によれば、これほど虫のいい問題のすりかえはありません」。

同書によれば、当時のアメリカの経営者にとって、日本といえば、年功序列、終身雇用、QCサークル、JIT（Just In Time）、社歌、提案制度であって、もうウンザリと、日本嫌忌症(けんき)に陥っていた、という。一方、自分たちをみれば、労使関係、対株主、対政府、急上昇する役員給与問題等、国際競争力の陰りに、何か不安感を抱えていた、という。

その後、この議論は1990年代中葉には、日本経済がバブル崩壊によって低迷する一方、アメリカはICT革命によって息を吹き返し、長期好況を謳歌し出したことから、沈静化した。

しかし、優良企業の条件あるいは長寿企業の要因を探ると、長年に亘り培われてきた経営文化が大きく作用している、との仮説は根強い。問題は、上述の引用文にある「日本が歴史的に培ってきた強さが、今日、国際経済の場に日本が全面的に参入していこうとする場合の障害となり、日本が大きな役割を果たしている世界市場において、かえって日本の弱みになってしまうのではないか」という点である。日本が歴史的に培ってきた強さの一つは経営文化に外ならないから、グローバリゼーションの時代、それが世界の市場でどのような障害となるかの研究は重要である。仔細にみればみるほど独特な経営文化が身に付いている日本企業にとって大事なことは、グローバリゼーションが進展する今日、その何がグローバルにあるいは進出地域で通用し、何が通用しないのか、確りと見極めることであろう。その国の経営文化は、

他国のそれとの比較によって特徴が浮かび上がる。そこで、次に欧米企業、日本企業、そして中国企業の経営文化の特徴を比較検討してみよう。

3. 日本的経営文化の特徴
―近年、日本的経営文化はどのように変わっているのか？―

　ここで、本章のまえがきで提示した問題に戻ろう。すなわち、なぜトヨタは世界一の自動車メーカーに成りえたのか、日本にはなぜ長寿企業が多いのか、それも、なぜ近江商人を祖とするものが多いのか。この問題の解答が日本的経営文化にある、と考えているわけであるが、この日本的経営文化とは何か、そして「失われた10年」の苦汁をなめてきて、それは変わったといえるのか、が問題である。

　ところで、日本的経営文化を問題とする場合、以下述べるその日本固有の経営文化が戦前からみられるのか、戦後初めて現れてきた現象なのか、は議論のあるところである。たとえば、野口悠紀雄著『日本経済再生の戦略』（中央公論社、1999年、p.122）は、「日本型企業の成立過程」について、戦前は日本企業の行動様式は英米型であり、戦後になって、今日いわれる（後述するような）日本的経営の特徴がみられる、という。本書でもこの見方は正しいと考えており、本書では戦後の代表的日本企業、たとえばトヨタの戦後の成長の要因としての経営文化、100年を超える長寿企業および近江商人を祖とする企業の経営文化をみていきたい、と考えている。

(1) 戦後の日本的経営文化

　日本企業の経営文化の特徴については、極めて多くの研究がある。外国人の研究も多い。自国の文化については他国のそれと比較すると明瞭になるからであろう。日本の場合は、欧米先進国の学問を吸収してきたという歴史があり、欧米と比較して何が違い、何が同じなのか抽出することは大事であった。その異同がなぜ生じているのかを分析することによって、欧米の経営を、

また日本のそれを知るのである。外国人の研究では、戦後、日本が高度経済成長を成し遂げたり、いくつかの産業で世界市場のトップシェアを獲得したりすると、なぜ強いのか、が問題であった。日本に入国し在住した欧米人が洞察した文献も数多い。

最近の文献では、たとえば、Ronald Dore, *STOCK MARKET CAPITALISM*：*WELFARE CAPITALISM, 2000.*（邦訳：藤井眞人訳『日本型資本主義と市場主義の衝突―日・独対アングロサクソン―』、東洋経済新報社、2001年）がある。ドーア教授は、日独型とアングロサクソン型の資本主義あるいは経営は、明らかに違う、と次のようにいう。

「かつて米英のビジネススクールでは、所有者あるいは株主の価値最大化という企業観（今や米英の支配的な教義になった説）と、それに対する「ステークホルダー（利害関係者）」企業観のそれぞれの長短をめぐって議論が戦わされていた。

…、日本とドイツのシステムは米英のシステムとは明らかに違う。日本でもドイツでも、企業の所有者の権利は他の―従業員、顧客、供給業者や下請業者、銀行や地域社会の―権利によって適切に制約されているように見える。両国の間にも違いもある。日本ではこれまで、従業員がまず第一だったことは明白である。確かに日本の企業は米英に比べて、下請業者を長期的な取引相手として大切にしている」。

筆者らもドーア教授と同様に、各国の経営は、林周二教授のいう「精神文化・社会文化・物質文化」においてかなり相違している、とみる。そこで、まず日本的経営の特徴として、人口に膾炙されてきた点を挙げ、次に近年の変化をみて、先の問題に答えよう。まず従来、よく指摘されてきた日本的経営の特徴であるが、次の諸点である。

・集団的根回しによる意思決定（稟議制度）
・新卒採用、終身雇用制度、年功序列的昇進・昇格・賃金制度
　　企業のコア人財は新卒で採用する。中途採用は新規事業を立ち上げる

時等で行われるが、少ない。新卒採用者は特別のことがない限り、所定の年齢（55歳～60歳）までは、雇用関係が継続される。この間、勤務態度・姿勢、能力および年功により賃金と位が向上する。職能資格制度が多くの企業で取り入れられている。

・企業別労使関係・労働組合

　労働組合は企業別に組成され、労使関係上の問題も基本的には、企業別に取り決められる。定昇・ベアの改定は同じ業界の妥結状況を参照し、自社の組合と折衝し決める。

・自社内でのOJTを中心とする教育訓練

　第2章で参照したジョン・ミクルスウェイト＆エイドリアン・ウールドリッジ（2003年）は、ドイツの会社が2度に亘る世界大戦での敗戦や、何度かの慢性的な景気後退、そしてナチズムと東西分裂を耐え抜き、成功してきた理由として、「教育の重視」を挙げている。すなわち、教育の中でも、科学教育と職業教育の重視である。ドイツでは、大学—特に工科大学—は地元企業の調査研究機関としての役割と、人財供給源としての役割の両方を進んで果たしていた。1872年までの化学専攻の卒業者数をみると、ミュンヘン大学だけでイングランド全体を上回っていた。また、ベルリン大学には、工場の建設と管理を専攻する2年課程があった。ドイツでビジネススクールの設立が始まったのは1900年で、アメリカとほぼ同時期であった、という。日本の会社も、ドイツと同様に、技術者を大事に考えるエートスがある。戦後の重化学工業化の中で、熟練工に永年勤続してもらうため、終身雇用制、年功賃金、年功昇進制等の長期雇用型の人事管理が生まれてきたが、そうした処遇とともに、新入社員となる直前から役員まで、一定規模の会社についてはキャリアアップのための研修体系ができている。

・間接金融・メーンバンク制・株式持合い

　直接金融よりも間接金融、つまり銀行からの借入金によって設備資金・運転資金の調達を図る割合が多い。銀行も取引の継続を図るため、株をもつことに躊躇しない。ただ、日本の非上場の長寿企業については、上場して資金を得るという財務政策は採られていない。財務政策に関し

ては保守的なところが多い。資金の調達よりも、資金の「始末の心」が重視されてきた。金を大切に使うということである。始末は"ケチ"ではない。効果を考えながら、限られた資金を大切に使う。自己資金を大切に使っておれば、資金需要が少なくてすむので、融資や投資という形の外部資金に頼らなくてすむ。「始末の心」は近江商人の知恵でもある。

・仕入先・販売先との長期志向の取引関係

　自動車産業のような組立工業では、部品の多くは社外の工場に発注して買入れる形が多く、鉄鋼業のような装置産業では作業の一部を専門会社に委託しており、いわゆる「系列」取引が多い。販売先とも「系列」取引を求め、特約店制度、リベート・割引制等、長期的取引慣行が根付いてきた。

　この他にも、日本的経営文化については諸説あるが、こうした日本的経営の典型として、トヨタ自動車㈱の経営文化をみよう。

　トヨタは、特にその生産方式の特長から、その高い業績が説明されている。すなわち、カンバン方式（アメリカの用語では"リーン生産方式"）、アンドン等の生産方式がその理由として挙げられることが多い。しかし、他社が"トヨタウェイ"を学ぼうとしてもなかなか上手くいかない、といわれる。これは、生産方法そのものよりも、そのコスト削減等の経営課題に対する社員一丸となっての取組み、それを支える経営文化（精神文化）が根底になければならないことを意味するのではないか。

　現（2007年）社長の渡辺捷昭（かつあき）氏は、年頭の経営説明会等のプレゼンテーションにおいて折に触れ、次のような趣旨の発言をする。

　「愚直に、地道に、徹底的に質と量とコストを一体して追う。品質をよくすることは、不良品の数を減らすことになり、結果としてコスト削減につながる。逆にコスト削減が品質低下を招きかねないという見方があるが、これは違う。質と量とコストは一体の関係にある。３者を一体として追えなければ原点に立ち返るとか、発想を変えるとか、全く違う角度からみていかなければならない」。

第4章　日中企業の経営文化

トヨタの工場には、「良い品良い考え」の標語が掲げられている、という。「良い品」の意味も時代とともに、「信頼性のある商品」、「感動を与える商品」、「オリジナリティのある商品」等となり、共有されていくのだろう。また「良い考え」も時代とともに、「創意工夫・現場の知恵」、「スキルを要する技術」、「画期的新工法の開発」等と高度化されていくのだろう。従業員一人ひとりが主役になって品質改善に取り組み、持ち場で問題を解決する。不良品を後工程に送らないことが徹底されている。この精神文化の原典は、次に掲げる「豊田綱領」である、という。

豊田綱領

（トヨタグループの創始者、豊田佐吉氏の考え方をまとめたものであり、トヨタの経営の核として貫かれてきた）。

1．上下一致、至誠業務に服し、産業報国の実を挙ぐべし。
　(Be contributive to the development and welfare of the country by working together, regardless of position, in faithfully fulfilling your duties.)

2．研究と創造に心を致し、常に時流に先んずべし。
　(Be at the vanguard of the times through endless creativity, inquisitiveness and pursuit of improvement.)

3．華美を戒め、質実剛健たるべし。
　(Be practical and avoid frivolity.)

4．温情友愛の精神を発揮し、家庭的美風を作興すべし。
　(Be kind and generous; strive to create a warm, homelike atmosphere.)

5．神仏を尊崇し、報恩感謝の生活を為すべし。
　(Be reverent, and show gratitude for things great and small in thought and deed.)

　上述のような諸事実は、トヨタの経営文化は一朝一夕に習熟できるものではなく、アメリカ的マニュアル文化とは違って、自主的に経営文化を改めていく職場（現場）のエートスを醸成、時間をかけて社員全員の心理的な意識

変容、そして行動変容を図ってはじめて、習熟されていくものであることを示唆している。

(2) 日本的経営文化の変化

　戦後日本の経済成長を支えた日本的経営も、「失われた10年」の間、負の側面が目立ち、変化を余儀なくされた。この事情について、繰り返しになるが、前項の日本的経営文化の特徴をまとめてみながら、20世紀末から21世紀にかけて、すなわち真義のグローバリゼーションやICT革命についていけず、辛酸をなめながら、日本的経営文化がどのように変化したか、考察しよう。

　まず、前項で述べた戦後の従来型日本的経営文化の特徴をまとめると、①新卒採用、終身雇用、年功序列賃金等に特徴付けられる採用・雇用形態、②メーンバンク制による企業統治システムと「系列」企業間での長期的・固定的な取引慣行、③短期的な効率よりも市場シェアや新製品開発など、長期的視点を重視した経営文化であった。

　そこで、なぜこのような制度や慣行が維持されてきたのか、その理由としては、次のように考えることができる。

①新卒採用、終身雇用、年功序列賃金などに特徴付けられる採用・雇用形態
　　終身雇用が保障されているということは、社員にとって、自社が運命共同体となり、労使協調を生み出し易い。
②メーンバンク制による企業統治システムと「系列」企業間での長期的・固定的な取引慣行
　　メーンバンク（main bank：主力銀行）とは、企業の経営活動において、その取引銀行の中で最も多額の融資を受け、人的・資本的に、あるいは情報のうえで密接な関係にある銀行をいう。メーンバンクをもつ企業側のメリットは、経営活動、特に資金調達面での安定性にある。貸し出し、増資の引き受け、役員の派遣等を通じて経営を監視、企業の経営規律を図る。
　　また、系列関係は、長期の取引関係を結び、安定供給のメリットがある。部品も協働して開発する。不況の時は共に耐え忍ぶ。

③短期的利益よりも市場シェアや商品開発を重視する経営戦略
　市場の変化により、特定の商品の売り上げが落ちても他の商品でカバーできる。価格変動にも対応しやすい。経営のリスクをヘッジし、柔軟で安定的な経営ができる。

　しかし、1990年代には、ICT革命等を機とするグローバリゼーションのメガコンペティションの時代となり、従来型の日本的経営文化を保持していては、たとえば不採算部門の整理の意思決定が遅れる（スピードがない）、新たな技術を開発した企業と従来の柵(シガラミ)に囚われて取引できない（市場を活用できない。実績を重視し新規のものを活かせない）。急激に進む価格下落（depreciation）に対応できない等、様々な問題点をさらけ出した。
　典型は、前述のように、半導体産業、携帯電話端末機製造業および家電製造業の衰退である。この要因として挙げられたのは、繰り返し引用するが、「業界横並びの戦略不在の経営」、「問題先送りを繰り返す無責任な御神輿（オミコシ）経営」、「相互もたれ合いの共同体の体質に起因する社内、系列先優先の閉鎖性」(2005.2.3. 日本経済新聞社説「共同体的な甘えを捨てた新日本型経営」より）であった。
　そこで、日本企業はバブル経済期の"後遺症"とでもいうべき、過剰債務、過剰人員、過剰設備等の"贅肉"のリストラクチャリングに取り組まざるをえなかった。固定費の削減、すなわち正社員の採用を抑制し、パートタイマー、派遣社員等の非正社員比率を上げ、定昇・ベアを凍結し、希望退職を募り、遊休不動産を売却した。
　この過剰人員・過剰債務・過剰設備等"贅肉をそぎ落とす"リストラクチャリングの結果、日本企業は利益を生み易い財務体質に変わった。

　財務省「法人企業統計」により試算すると、2005年1～3月期には、経済活動で生み出された付加価値のうち、どれだけ労働者に回ったかを示す「労働分配率」は65.4％まで下がり（これは、1998年対比10％の下落）、また農林中金総合研究所の試算によると、2006年4～6月期には、さらに61.9％まで下落した。現金給与総額も2002年から2005年まで減少し続けた。

また、総務省「労働力調査」によれば、1990年代前半の時点では雇用者のうち正社員が約80％を占めていた。だがその後、正社員の比率は低下し、2007年4～6月期の時点では約65％となった。雇用形態が多様化し、日本の労働市場は、正社員が大多数の時代から、ダイバーシティ（diversity）の時代、すなわち派遣労働者、契約社員、季節労働者、パートタイマー、アルバイト、外国人、子会社からの出向者、再雇用者等の多様な混成職場に変りつつある。ましてグローバル企業の場合、民族、人種、文化等の異なる人々が従業員となる時代である。

　なぜ、派遣労働者やパートタイマー等の非正社員が増えたのか、次のような理由が考えられる。

① 企業にとっては、非正社員の活用が収益力強化に取り組むのに都合がよかった。賃金が安く、期間雇用であるため業務の繁閑や景気変動に応じて雇用調整がし易い。

② 労働者側も、結婚や育児との両立を考えて、勤務時間を柔軟に調整したい女性が増える等、価値観やライフスタイルの多様化が進んだ。

③ 1999年に労働者派遣法が改正され、財務処理、通訳・翻訳などの26の専門的分野に限られていた派遣業務が、港湾業務など5業務を除き原則自由化された。さらに、2003年の改正では、派遣期間の制限が緩和され、非正社員の増加を後押しした。

（なお、本書執筆中の2007年、やや正社員比率が持ち直す傾向がみられる）。

　さらに、企業が利益を生み出すのに必要な売上高の水準を示す「損益分岐点比率」は、第一生命経済研究所の試算によると、2006年4～6月期には80.2％まで低下した。日本経済新聞の調べ［上場製造業で連続してデータが比較できる1,077社（新興企業を除く、単独ベース）］では、2004年度80.4％から、2005年度には77.5％に低下した。損益分岐点比率は、バブル景況期の1989年度に81.6％まで下がった後、93年度には92.8％まで悪化し、売上高が7％減ると利益が出ない状況であった。

　一方、日本企業の経営者に"企業観・経営観"の転換をもたらした要因として、「国際会計基準（IAS：International Accounting Standards）[注8]」が

ある。すなわち、2000年3月期からの「連結決算主体・連結対象範囲の拡大・連結キャッシュフロー（現金収支）計算書の開示」、2001年3月期からの「金融商品への時価評価・退職給付（企業年金・退職金）会計の導入」、2002年3月期からの「持ち合い株式への時価評価の適用」等の一連の国際的会計制度の導入である。

　この背景には、企業の活動が国境を越えて拡がり、投資家の立場から各国固有の会計基準を統一し、国籍の異なる企業を比較し易くする、第1章から述べてきたグローバル・スタンダード化の流れがある。

　前述した"問題先送り経営"はもはや許されない。企業と銀行は株式を持合い、時価が簿価を上回る株式を一旦売って買い戻し利益を捻出する決算対策、逆に時価が簿価を下回る場合は含み損として損失処理を先送りすることは許されなくなった。

　こうした情況から、日本企業（国民の生活水準を雇用や財貨・サービスの提供を通じて実質的に維持している上場会社）の経営文化は、バブル経済崩壊後の厳しい経営環境を乗り切るため、変化した（修正された）ものとみられる。グローバリゼーションによって、変化を余儀なくされたともいえ、これに伴ってそうした刺激を受けた経営者の心理も変容した、とみられる。

　しかしながら、上述のような今日的な事象を分析してもなお、トヨタ等の日本経済を支える"リーディング・カンパニー"、あるいは長寿企業・近江商人を祖とする企業の根底に潜在する精神的文化は、アメリカのグローバル企業とは全く違う、と考える。つまり、共同体意識やマーケットシェアを高める志向性のような長期的存続・維持の経営に対する「高関与」の情況は維持されている。そして、一方においては、グローバリゼーションにも適応し、物質的、社会的文化を変えている、とみる。今日的日本企業は先進的な経営文化を学習し続けながら、いわば「ハイブリッド化」しながら、メガコンピティションに立ち向かっている、といえる。

4. 中国企業の経営文化

―中国企業の経営文化とは？―

　1980代以降、第1章でみたように国有企業から転換した中国私企業に固有な「長年に亘り学習し、培ってきた経営管理に係る方式」はあるのか、あるとすればそれはどのようなものか、と問われれば、市場主義が根付いて間もない「新興民営企業」であるがゆえに、今暫く推移をみるべきで、軽々に論じることは控えるべきであろう。つまり、民営化しても、国営企業の幹部であった人々がそのままトップとして経営すれば、専門経営者としての意識変容・行動変容はなかなか進まないだろう、と考えられるからである。

　ただ、本書冒頭の「はじめに」で問題提起した、「なぜ中国は20世紀末から21世紀にかけて高度経済成長を果たしたのか、なぜ中国企業は同時期に急成長を成しとげたのか、なぜ近未来には、アメリカのGDPを超える経済大国となるであろう、と期待されているのか」といった問題については優れた研究もあり、それらを参照しながら、筆者らが現地で検証した「体制転換後約30年を経た中国の主要企業は、どのように行動する傾向が認められるのか」の問いには、若干の概説はできるであろう。

　1970年代末の改革・開放までの中国企業はおおむね「国営」と「集体」の2種類の形態だった。計画経済のもとで「経営文化」に対する関心もほとんどなかったといえよう。市場経済システムを導入した今日、企業の形態は多くなり、外資企業の場合、その親会社の経営文化に影響されているし、中国企業、とりわけ中国大手企業も自分なりの企業統治の特色を確立しつつある。このようなマクロ環境において、経営文化に対する関心も自ずと向上してきた。実際、近年、中国では「経営文化」に関する本が多く出版されている。

　筆者（方）は中国最大手の鉄鋼会社である上海宝山鋼鉄公司の宣伝（広報）部を訪問して、経営文化について調査したことがある。その結果、上海宝山鋼鉄公司では「以人為本」（人をもって本となす）という経営文化を確立しようとしていることが分かった。経営文化はその国（民族）の文化に強く影

響されているので、この節では日中両国の文化を比較しながら、両国の経営文化の異同を論じてみる。

①経営文化に対する個人主義の影響

「一衣帯水」といわれる日中両国の文化交流の歴史は長く、その共通点は多いようにみえる。たとえば、漢字を使う、箸を使う、儒教や仏教に強い影響を受けている、（中国の漢民族に限れば）同じ農耕民族などの点である。しかし、実際にはむしろ相違点のほうが多いといえよう。たとえば、同じ漢字文化といっても、中国の場合はオール漢字である。また、日本では儒教文化に影響された先輩・後輩の意識がいまだに残っている。特に中学校、高校、大学等の学校においてスポーツ系クラブを経験している者は、その傾向が強い。「先輩は後輩の面倒をちゃんとみる、その代わり、後輩は先輩の話をちゃんと聞く」というパターンは、社会人になってもよくみかける。会社では先輩の部下がいると、その上司はなんとなくやりにくく感じている。一方、中国では先輩・後輩の意識が極めて薄い。これは辛亥革命後、儒教の思想は度々批判され、とりわけ1966年から10年以上も続いた文化大革命では儒教的思想・文化は徹底的に批判された。その影響が非常に大きいと考えられる。

一般的に日本の場合、集団性、チームワークを重視するのに対して、中国の場合、個人プレイ、個性を重視する傾向が強いといわれている。

すなわち、たとえ日系企業といっても、その中国現地企業の経営文化は日本本社のそれと比べて自ずと個人主義的な色彩が濃くなるといえよう。

②経営文化に対する雇用慣行の影響

日系企業を含むほとんどの中国現地企業の雇用制度については、契約制を採っている、といえる。短期間しか雇用保障（生活保障）しない契約制を採る以上、従業員に（終身雇用で将来の生活に不安のない）日本企業と同じように会社への忠誠心を求めるのも限度がある。この背景もあり、中国では転職は比較的よくみられる現象である。特に、地方都市から大都会や沿海地方

のような給料が比較的高い場所へ移るケースが多い。企業成長に不可欠な"コア人財"は内部で時間をかけて育成する、ということができにくい、といえるだろう。中国の日系企業、特に、地方の日系企業は一様に優秀な人財の確保に頭を悩まされている。もちろん企業側もいろいろな対策を考えている。その一つは現地出身者を雇用することである。現地出身の従業員は地元に家族がいるので、たとえ給料の比較的高い都会で就職できても、週末などで地元に帰るコストを考えると、むしろ地元の企業に勤めたほうが得である、と考えている。

このように、中国現地企業の従業員が置かれた環境は日本のそれと異なっているので、日本式の経営文化をそのまま中国で適用しようとしても無理が生じる。

ただ、中国系新興企業においても、企業への忠誠心を求めるところが多い。例えば、大手電機メーカー長虹の場合、元々人民解放軍所属の企業だったこともあり、朝、仕事をする前に、全社員によるジョギングと社訓の暗唱が課せられている。

また、筆者（方）の現地調査によれば、欧米系企業の多くはいろいろな手法を駆使して、企業の経営理念を従業員に徹底的に教育して、浸透を図っている。

③低価分業の経営文化

丸川（2007年）は、家電、ITおよび自動車産業における中国企業の強みと弱みを分析し、中国の産業が拡大する中で日本企業がどこに活路を見出すべきか、論じている。前者の問題のうち、中国企業の強みについては、「垂直分裂」というキーワードで説明している。

ところで、同書でも使用している「垂直」という言葉の意味合いについては諸説あり、本書でも多用している。一般に、たとえばソニーのブラウン管テレビは長らく世界のマーケットで受容されてきた商品であるが、"砂からつくってきた"ということである（井原副社長の2005年IR説明会における談）。また、シャープの液晶テレビは三重県亀山工場でつくられて、家電量販店で

は「亀山ブランド」として指名買いがある、と聴く。その亀山工場では、パネルから完成品の工程は部外者には見せない、情報の厳格管理が行われている、という。こうした原材料から、あるいは部品から完成品まで自製することを、「垂直展開型ビジネスモデル」の「垂直」という。「自製」を拡大解釈して、系列あるいは協力企業とのアライアンスによって完成品をつくる場合も、「垂直展開型」に含め、いわれる。一方、「水平」というのは、たとえばパソコンのように、製品設計は自社で行うものの、特許も買い、製造はアウトソーシングする、あるいは世界中から最も低価な部品を調達して組み立てるという、いわば"横軸"を効かしたビジネスモデルを表す場合に使われる。

そこで、「垂直分裂」であるが、丸川教授の同書の「家電産業の垂直分裂」の記述を一部引用してみよう。

「家電産業の各分野で垂直分裂が起きたことは、1990年代初めにいったん日本メーカーに席巻されかけていた中国の家電市場を中国メーカーが取り返すうえで重要な意味を持った。もし垂直統合型企業どうしの競争になっていたら、資金も技術も乏しい中国メーカーは外国メーカーにまったく太刀打ちできなかっただろう。最終製品と基幹部品を分割し、技術的難度が高く、必要な資金も大きい基幹部品は外国メーカーの資本と技術に頼るという中国政府の描いた構図は、結果的には中国メーカーの参入を容易にし、どの家電製品の市場でも中国メーカーが圧倒的なシェアを得ることを可能にした。

1994年頃から中国の国内市場を狙った投資に対する制約もなくなったので、日本の電機メーカーは大挙して中国に工場進出し、垂直統合的な生産体制を中国で再現しようとした。日本企業は基幹部品を握り、最終製品でも強いブランド力を持つ自分たちが、よもや中国企業に敗れるとは想像していなかった。1995年の日本の経済紙を見ると、日本のエアコンメーカーは競争相手としてもっぱら他の日本企業を意識しており、当時250社もあると言われていた中国メーカーは早晩淘汰されるものと考えていたことがわかる。

実際、日本の電機メーカーの垂直統合型の事業体制は、長く日本の強みだと信じられてきた。たとえば、1983年に日本のテレビ製造業の競争力を論じ

たジェームズ・ミルスタインは、家電産業にとって半導体技術は技術革新の基礎となるものであり、逆に半導体産業にとって家電製品はもっとも重要な市場であるので、両社を垂直統合した日本の電機メーカーは強力であると論じていた。また、日本のテレビ製造業の競争優位を研究した平本厚は1994年の著書の中で、テレビで独自性を出すにはブラウン管とICで差別化を図る以外になく、それらを垂直統合している日本のテレビメーカーには強みがあると述べている。

　だが、中国メーカーはこれとまったく逆の企業成長の道があることを示した。日本企業が基幹部品から差別化しようとしたのに対して、中国企業は複数社の基幹部品をなるべく同質化しようとした。

　ただ、その必然的な帰結は最終商品の同質化であった。……テレビもエアコンも、同質的な製品の間での激しい価格競争に陥った。中国メーカーは家電製品を同質化する戦略で日本メーカーの市場を奪い取ったが、反面自らの製品を国内のライバルから差別化できないというジレンマに陥っている」。

丸川教授によれば、上述の中国の「垂直分裂」については、既に多くの人々が気づいているという。だだ、表現は違う。「アメリカの経済史家であるリチャード・ラングロウとポウル・ロバートソンは『vertical specialization』や『vertical disintegration』という表現を用い、アメリカの電子産業における製造サービス（EMS）の台頭に着目したティモシー・スタージョンは『deverticalization』という言葉を用いている。日本語の文献では台湾のIC産業を研究した王淑珍が『垂直非統合』という言葉を用いている」という。なお、垂直統合されていたものがバラバラになることを「水平」というのはおかしい、という。

　発展途上国経済が先進国経済に急速に追いつこうとするキャッチアップ過程で、発展途上国企業が先進国企業に対抗するには、国内市場を閉ざすか、Ｒ＆Ｄ（研究開発）費をかけない模倣戦略や「垂直分裂」戦略を採らざるをえないことは、よく理解できることであろう。

5. 結び

　もし日本企業の経営文化が、今後世界に通用する日がくるとすれば、それは、単機能のビジネスモデルのそれではないであろう。すなわち、単にアーキテクチャー（architecture）だけ、受託生産だけ、販売だけというものではないだろう。東北大学の大見忠弘教授は、基礎研究、応用研究および実用化研究の同期化、すなわち「ドリブン方式」を各所の講演会等で説いているが、メガコンペティションの中で、いかにスピードが大事なのか、痛感させられる。また、技術的に最先端の製品でも、取引費用を抑え、規模の経済性、範囲の経済性を発揮するためのマーケティング力が弱いと成功はおぼつかない。今後のバリューチェーンやビジネスモデルの構築に当たっては、その要素に弱みのあるものは通用しない。こう考えてくると、日本的経営文化も、相当改めるべき点は多い。

　しかし、一方において、日本企業のものづくり精神、品質に対するこだわりといった経営文化は中国現地の日系企業において浸透しつつある。実際、そのような優れた経営文化を現地スタッフに理解させるのに成功した企業は事業にも成功している企業でもある。

　中国は改革・開放政策に転換し、市場経済システムを取り入れて約30年間を経て、各種形態の企業では独自の経営文化が醸成されつつある。特にWTO加盟後では、世界に通用するグローバル企業になるのに、先進工業国の優れた経営文化を参考・借用することが不可欠となっている。先進工業国の手本と中国の独特な文化が融合した"中国の特色ある"、"中国固有"の経営文化は確立されつつある。

[注記]

1．Thomas J. Peters and Robert H. Waterman, Jr., *In Search of Excellence*, 1982. 大前研一訳『エクセレントカンパニー—超優良企業の条件—』、講談社、1983年。エクサレンス（超優良）という言葉が使われ、日本の経営者にもエクサレンスな会社とはどのような会社なのか、意

識されるようになった。
2．NHKスペシャル「長寿企業大国」(2007.6.18放映)
3．林周二著『経営と文化』、中央公論社、1993年、pp.3-5。
4．伊藤邦雄稿「やさしい経済学—無形資産の時代」、(日本経済新聞、2005.8.16付)。
5．経営学検定試験協議会監修、経営能力開発センター編『経営学検定試験公式テキスト①経営学の基本』、中央経済社、2003年、p.169。
6．Michael L. Dertouzos et al., *MADE IN AMERICA*, The MIT Press,1989.
7．Laura D'Andrea Tyson, *WHO'S BASHING WHOM?*, The Institute for Internatio-nal Economics, 1993.
8．国際会計基準（IAS：International Accounting Standards）とは、世界的に統一された会計基準をいう。正式には国際財務報告基準といい、国際会計基準審議会によって設定される会計基準の総称。企業の事業活動や企業に対する投資は年々グローバル化しているが、会計制度は各国ごとに異なっていて、そうした国際的な経済活動を阻害する要因になっている。そこで、企業の海外での資金調達を円滑化し、投資家の利益が守られるために会計制度を国際的に統一しようということで検討されてきた。国際会計基準委員会は1973年に最初の国際会計基準（IAS第1号）を策定し、1998年12月にIAS第39号を策定した。このIAS第1号からIAS第39号までは国際会計基準の中核部分と位置付けられており、「コア・スタンダード」と呼ばれている。このような国際会計基準委員会の活発な活動を受けて、米国・欧州では、国内の会計基準を国際会計基準に合致させる作業が2000年頃から急速に進められた。わが国では国際会計基準への対応が遅れていることが従来批判されていたが、金融庁（当時の大蔵省）の審議会である「企業会計審議会」は、1997年に方針を転換、国内の企業会計基準を国際会計基準へ合致させる作業を急速に進めた。具体的には、企業会計審議会の1997年6月「連結財務諸表制度の見直しに関する意見書」公表を始めとして、1998年3月に「連結キャッシュフロー計算書等の作成基準の設定に関する意見書」、1998年6月に「退職給付に係る会計基準の設定に関する意見書」、1999年1月に「金融商品に係る会計基準の設定に関する意見書」、2002年8月に「固定資産の減損に係る会計基準の設定に関する意見書」を相次いで公表した。これらの意見書は、企業会計を単独決算中心から連結決算中心へと変更し、キャッシュフローを重視し、資産や負債を時価ベースで評価するという原則に立つ。これらの意見書をもとに、上場企業の財務会計を規制する証券取引法（財務諸表規則）の法改正が1997年以降順次実施されており、ようやくわが国の会計基準も国際会計基準に準拠する体制が整いつつある。

［参考文献］

1．Talcott Parsons, *Theories of Society : Foundation of Modern Sociological Theory*, The Free Press,1961, Introduction to Part Four（Culture and Social System）in T.Parsons et al.（eds.）丸山哲央編訳『タルコット・パーソンズ　文化システム論』、ミネルヴァ書房、1999年。

2．川勝平太著『文化力　日本の底力』、株式会社ウェッジ、2006年。
3．中牧弘允・日置弘一郎編『*Globalization of Company Culture* 会社文化のグローバル化　経営人類学的考察』、東方出版、2007年。
4．矢作敏行著『小売国際化　理論とケースで考える　*Retail Internationalization Process*』、有斐閣、2007年。
5．Geert Hofstede, *Cultures and Organizations Software of the mind*, McGraw-Hill Internatinal (UK) Limited, 1991.　G. ホフステード著、岩井紀子・岩井八郎訳『多文化世界―違いを学び共存への道を探る―』、有斐閣、2006年。
6．柳原一夫・大久保隆弘著『最強のジャパンモデル―「知恵と和」で築く絶対優位の経営―』、ダイヤモンド社、2005年。
7．スティーヴン・ヴォーゲル著、平尾光司訳『日本の時代―結実した穏やかな経済革命―』、日本経済新聞社、2006年。
8．丸川知雄著『現代中国の産業―勃興する中国企業の強さと脆さ―』、中央公論社、2007年。

column 三方よし

　1983年、中曽根内閣は低調な日本への留学生数を10万人にしようと目標を掲げました。筆者の本務校である聖泉大学も、2003年頃から中国人留学生を迎え入れるようになりました。

　聖泉大学が所在する彦根市は"開国の大老：井伊直弼の彦根城"で有名ですが、彦根市が所在する滋賀県は"近江商人発祥の地"としても有名です。聖泉大学の周辺には、世界に冠たる総合商社の伊藤忠商事・丸紅の祖、伊藤忠兵衛の旧宅等々、史跡が多数あるわけです。「日本的経営文化論」の"教材の宝庫"といえます。

　そこで時に、聖泉大学に入学した留学生を近江商人縁の場所へ案内します。日本的経営文化に直に触れてもらうためです。

　2003年9月、中国人留学生3人とともに、五個荘町に在る「近江商人博物館」を訪問しました。親切にも、町の観光課の方が往事を偲ぶ天秤棒を肩に、行商の道中に使用した合羽を一人ひとり着せてくれました。そこで手にした近江商人の家訓等を解説した小冊子には、『近江商人物語―大福帳』とありました。その中に近江商人の経営理念"三方よし"の解説があります。本書のテーマに関連しますので、ここでそれを引用します。今後のビジネスの"心"を確りもつうえで参考にしてほしいと思います。

　　「他国へ行商するも総て我事のみと思わず、其の国一切の人を大切にして、
　　私利を貪ること勿れ……」（五個荘・中村治兵衛家）

　「三方よし」とは、「売り手よし、買い手よし、世間よし」のことです。商いは買い手と売り手の思いが、うまく結びつかなければなりません。

　これが「売り手よし、買い手よし」です。商いには信用とか信頼が大切

153

だという教えです。しかし、これだけでは取り立てて珍しい考えとは言えないでしょう。もうひとつ、「世間よし」という考えが大切なのです。

　これは売り手と買い手を含めた社会全体のために良いことをしようという考えなのです。つまり、生産者も消費者も含めた、社会全体が好都合でなければ、商業は成り立たないという考えなのです。近江商人は遠く他国へ旅をして他国で商売をしましたが、その土地で排斥されることなくむしろ歓迎されたのは、こうした考えでの商売を展開したからなのです。地場産業の振興に貢献することを大切にして、出向いていったその土地のために協力しました。したがって地元の人々に受け入れられ、全国に商圏を広げることができたのです。商いのやり方だけでなく、人が生きていくうえで基本となるような教えを近江商人は商いをしながら全国を旅し、実践していったのです。

　　　商人は人間としての
　　　　　心が大切であり、
　　　　　　　商いとは人との出会い
　　　　　　心のふれあい
　　　　　　　　そのものである

第5章
日中企業交流における異文化摩擦
―日中企業交流に及ぼす経営文化の影響に関する心理学的研究―

Industrial Psychology Approach to the Influence of Corporate Culture on Alliances between Japan and China

上海のマンション団地（賈 雪梅撮影）

本章は、2005年度の私立大学に対する研究助成金と聖泉大学特別共同研究費を活用させてもらい、中国の日系企業における調査や滋賀県内の企業に対するヒアリング調査を実施し、それをベースに書かれている。その研究成果は既に、2006年の聖泉論叢第14号（ISSN 1343-4365）に所載したが、一部、タイトルも含め、加筆・訂正して、本書の結論―第5章として収録したものである。

要旨

　日本企業は、第1・2章で述べてきたように、20世紀末から21世紀にかけての新ミレニアム転換期に、真義のグローバリゼーション（globalization）の潮流に乗り、自身の本格的なグローバル化を進めてきた。うち、製造・加工コストの低さ、外資の直接投資に対する優遇措置、市場の成長性等からバリューチェーンの一環として重視してきたのが中国であった。一方、中国ビジネスはリスクが高い。海外企業の中国進出の各種データをみると、まず各国とも撤退率が高い。一方、各国の撤退率との比較では、日本企業のそれは低い。また企業形態は「合弁」から「独資」への傾向がみられる。「合弁」は相手先との補完関係が前提となる。そもそも「国有」を前身とする中国企業の利益率は低く、合弁先中国企業の経営体質は脆い。さらには、知的所有権の侵害、代金回収の困難さ等の問題指摘は枚挙に遑がない。これらの問題の根底には日中企業の経営文化の違いがある。中国企業の経営文化には政治が色濃く反映され、経営者は規模志向意識が強い。

　「一衣帯水」といわれる近い隣人同士である両国の企業は、お互いが経営文化の異同をその"心"から理解し、異文化摩擦を解消する努力を継続していかなければならない。

Key Words
日中企業交流　異文化摩擦、ハイブリッド経営、経済人仮説、社会人仮説 経営人仮説　自己実現人仮説

1. まえがき
―なぜ、日中企業交流において文化や深層心理が問題になるのか？―

　藻利（1971年）は、企業の構造を対外的・対社会的存在構造（企業の生活境遇）と対内的存在構造（企業の生活態様）に分けている。ゴーイング・コンサーン（going concern）としての企業の長期的な存続維持活動は生活境遇の変化に適応しながら、その生活態様を改善し、後者を介して逆に生活境遇の改善をも志向する、という。

　前述のように、企業の生活態様がその属する社会にあって、自らの学習活動によって長年に亘り育まれ、企業経営管理の「方式」として確立されてきたものが「経営文化」に外ならない。

　近年、日本企業の生活態様の改善を促した生活境遇の大きな変化を挙げれば、1985年のプラザ合意以降の急激な円高、1990年代のICT（Information Communication Technology）革命、および真義のグローバリゼーションの進展であった。それらに適応する日本企業の生活態様の改善策の一つが本格的なグローバル化（第1・2章）であり、中でも「戦略的アライアンス」（第3章）の展開であった。

　この今日的な日本企業のグローバル化戦略は、冷戦時の自由市場主義陣営内の欧米市場を中心とするものから、中国が「改革・開放政策」に転換した1970年末以降、さらには1980年代末の冷戦終結以降のいわゆる「旧共産主義圏諸国」も参加した「自由放任主義市場」がまさに全球的市場に変貌した中で展開されている（第1章）。

　BRICs（ブラジル、ロシア、インド、中国）は人口の多い大国であり、経済が発展するに伴い資源を大量に消費する新興国でもあることから、世界経済に大きな影響を与えているが、これらの"近未来に有望な経済大国"とみられる国々は、"生まれも育ちも全く違う"のであり、ロシアは、まさに"政経一体型資本主義"、"ビックバン型市場経済化"とでも呼びたくなるような混迷振りである。しかし、日本の経営者にとっては、低コストの生産・

加工・組み立て拠点、所得水準の向上に伴いダイナミックに成長するであろう「巨大市場」への期待感がある。ただ、当面する国際分業システムあるいはバリューチェーンの再構築（コモディティ化に対する「戦略的付加価値取入れ」）の「経済性」への熱意からみれば、今のところ（21世紀初頭）、中国に傾斜している感が強い。

ところで、日本企業の海外進出とは、生産拠点であれ、販売拠点であれ、「異文化」への進出を意味する。そこでは「異文化摩擦」が生じる。

グローバリゼーションは、「企業経営の場が国や社会の法制度、市場機構（資本・労働，その他）、流通機構などの明文的文化、消費者の行動、労働者の行動の後背にある規範や価値観、さらにそれらの基本的前提などの非明示的な暗黙の文化相互の多種・多様のインターフェイスを形成する場となることを意味している[注1]」。

また、伊丹（1991年）は国家間の摩擦の場合と同じように、企業内摩擦にも所得摩擦と文化摩擦があるとし、後者の企業内文化摩擦は前者より潜在的に深刻だ、という。

すなわち「個々のヒトが対立したいと思っているから摩擦が生まれるのではない。自分の背後にもっている共同体や文化の違いゆえに、どうしようもなく摩擦が生まれかねないのである。それは、企業内所得摩擦が、個々のヒトの背後にある労働市場の違いゆえに生まれてくるのとまったく同じことである。（中略）企業の世界組織のあちこちで働く人々は、その背後に自分の『属する』労働市場と文化・共同体をもってしまっている。その人々が、ともに協働する場面がないのなら、属する背景の違いは大きな問題ではない。しかし、机を並べ、会議をともにし、連絡をとって一緒に協働するようになると、とたんに『背景の違い』が重みをもってくる。それを強調しすぎるのは、もちろん国際的な協働のためには望ましくない。しかし、それを軽視することは、もっと大きな問題を生むだろう」という。

さらに、企業内文化摩擦がどのような場面で登場するかについて、一つは「現地組織内部での文化摩擦」、二つは「世界的な統合のために異なった国の人々が協働作業をしようとするときに、世界組織の中で発生する文化摩擦」の二つを挙げる。前者の典型的例は「派遣社員と現地スタッフの間の文化摩擦」であり、後者のそれは「本社と現地組織との間の摩擦」である、という。

　日本の戦後の高度経済成長過程では、アメリカとの貿易摩擦が繊維、鉄鋼、テレビ、金融、自動車、半導体等の産業において次々に起こった。輸入制限、日本の構造問題協議、協定締結等々、摩擦解消が図られた。その主体は政府であり、マクロ的な貿易摩擦解消であった。しかし、個別企業レベルでの直接投資（経営の現地化）となると、「異文化摩擦」が切実な問題となる。
　自動車産業の場合、当初は輸入制限を受け入れた。自動車産業は、アメリカの象徴的産業である。アメリカ人は日本車のプレゼンスの大きさに危機感を抱き、日本車の輸出拡大によりアメリカ人の雇用が奪われた、と主張した。そこで、直接投資をせざるを得なくなった。ホンダはオハイオ州メアリビル（1978年）に、日産はテネシー州スマーナ（1981年）に、トヨタはカリフォルニア州フリーモント（1984年、GMとの合弁、NUMMI：ヌミ）に現地化した。そして、異文化適応に苦しむこととなった[注2]。

　本章では、日中企業交流（アライアンス、alliances）における異質の企業文化摩擦の問題を扱う。この日中企業の経営文化間の摩擦問題に経営心理学的[注3]にアプローチする。異文化へ進出した企業の経営は、お互いの経営文化を形成してきた深層意識から心理の機微まで承知することでなければ、長続きしないであろう。
　また、「ローカルからグローバルへ」の視点を加味する。「グローカリゼーション」については第2章で問題にしたが、地域企業（本章では滋賀県）の視点、いわば「ロコ・グローバリゼーション」の視点を加え、ヒアリング調査により考察する。

　さて、これまで再三問題にしてきたように、1980年代後半には、アメリカ

企業をも凌駕するかにみえた日本企業の国際競争力であるが、バブル崩壊から2000年初頭にかけて急激に衰退した。

半導体産業でいえば、世界の半導体出荷シェアは1986年、日本がアメリカを追い抜き、1991年まではアメリカを凌駕した。しかし、1999年にはアメリカ54％、日本26％まで低落した。21世紀に入ってもこの状況はほとんど改善していない。大見忠弘東北大学教授は、21世紀新産業である情報通信サービス産業のこの日本の低迷について、各講演会で警鐘を鳴らしている。半導体産業は、工業化社会での鉄のように、ICT社会の"産業のコメ"である。半導体やそのアプリケーション産業であるエレクトロニクス業界では、サムソン電子の2004年度純利益が1兆786億円、マイクロソフトが8,555億円、インテルが7,870億円（ともに105円／＄で換算）であった。一方、日本の大手メーカー10社（松下電器産業、ソニー、日立製作所、東芝、富士通、シャープ、NEC、三菱電機、三洋電機およびパイオニア）のそれらを合計しても4,760億円であった。ポーター（2000年）は「日本企業には戦略がない」という。これからの日本企業にとって、グローバル戦略がその死命を決するといっても過言ではない。

2．日本企業の中国進出・撤退の実態と動機

―中国進出・撤退等の日中企業交流の諸事実は、経済合理的な動機だけで説明できるか？―

(1) 中国進出動機の経営文化的側面とその経営者心理

―日本企業は何社が中国に進出しているのか？　うち滋賀県内企業は何社が中国に進出しているのか？　うち滋賀県内からの中国進出企業の業種は？　なぜ進出するのか？　どのような心理で現地経営に臨んでいるのか？―

中国に進出する日本企業（日本企業が海外に立地して経営している場合、その現地法人は「日系企業」と呼ぶ。以下同じ）が著増している。

日本企業の中国進出動機は経済的には、まず、「国内市場の成熟化への対応」がある。たとえば、日本国内市場における自動車販売は新車ベースで、ここ数年600万台弱で推移している。特に若者世代の自動車離れは顕著な現

象であり、40％強のシェアを誇るトヨタといえども、若者層（young segment）のニーズ掘り起こしに苦心している。

　二つ目の経済的動機としては、「円高への対応」がある。1971年のニクソン・ショック（注4）以前には＄1＝¥360であり、ハワイへの船旅はまさに"夢のハワイ航路"であった。その後、このアメリカの金本位制からの離脱により、日本は変動相場制に移行、1985年のプラザ合意以降には＄1＝¥240を上回る円高となり、東南アジア等低コスト国への工場移転が進んだ。いわゆる「産業の（国内）空洞化」が大きな問題となった。さらに、新興国の経済不安、国際金融の不安等から、1995年4月には＄1＝¥79円まで高騰する取引日があった。このように、国際通貨USドルと日本円の相場の変動は、日本経済あるいは日本企業の業績に大きな影響を与える問題となった。今日では、アメリカの膨大な貿易赤字の相手先は中国に変わり、USドルと人民元の交換レートが焦点となっている。

　三つ目の経済的動機は、「安価な輸入品との国内市場での競合」および「海外市場におけるいわゆる『商品のコモディティ化』（市況化）への対応」である。日本企業のコスト構造では、日本で生産していてはとても価格競争を勝ち抜けない。経営が成り立たない。そこで、活路を求めて低コストで製造できる中国に進出する、ということである。

　さて、この一般的な経済的動機からの（日本企業の）中国進出についての説明を、滋賀県内企業へのヒアリング調査等から今少し立ち入って検証してみる。まず、中国進出のデータをみよう。

　経済産業省「第35回海外事業活動基本調査（2005年7月調査）」によれば、2004年度末における本邦企業現地法人数は14,955社であった。このうち、製造業は7,765社（シェア51.9％）であり、非製造業は7,190社（シェア48.1％）であった。

　業種別にみると、製造業では、「輸送機械」1,321社（製造業に占めるシェア17.0％）、「情報通信機械」1,154社（同シェア14.9％）、「化学」1,039社（同シェア13.4％）等となっており、これら3者で約半数である。また、非製造

業では、「卸売・小売業」3,497社（非製造業に占めるシェア48.6%）、「運輸業」865社（同シェア12.0%）、「サービス業」864社（同シェア12.0%）等となっており、「卸売・小売業」が約半数である。

　地域別にみると、「アジア」8,440社（地域別シェア56.4%）と2001年度より5割を超えて推移している。「北米」は2,737社（同シェア18.3%）、「ヨーロッパ」は2,361社（同シェア15.8%）である。地域別シェアの伸びをみると、「アジア」が前年度比で2.4ポイント上昇したが、「北米」は同0.7ポイント、「ヨーロッパ」は同1.0ポイント低下した。「アジア」の中でも上昇したのは中国であり、3,557社、全地域では23.8%、約1/4まで上昇している。また、ASEAN 4（マレーシア、タイ、インドネシア、フィリピン）は0.2ポイント低下、NIES 3（シンガポール、台湾、韓国）は0.3ポイント上昇した。

　この経済産業省「海外事業活動基本調査」は海外に現地法人を有する日本企業（金融・保険・不動産業を除く）4,377社を調査対象としており、回収率が65.9%である。日本企業の海外活動の動向をみることはできるが、海外進出日本企業の総数等悉皆的なデータについては他に求めなければならない。

　対中国については、21世紀中国総研が詳細な調査をしている[注5]。同所の中村（2006年論稿）は、中国進出企業の総現地法人数（実数）は中国の中央、地方の工商行政管理局が毎年検査している登記データによらなければならない、とし、『中国対外経済統計年鑑』（各年版）をもとに日系外資企業登記数と継続率の推移を発表している（第V―1・第V―3表参照）[注6]。

　第V―1表にみるように、2004年には19,779社の日本企業が中国で登記されている。同21世紀中国総研の調査結果の解説をしている稲垣（2005年論稿）も、登記外資企業数は2002年末現在で208,056社、うち16,236社（7.8%）が日系企業と発表している。これに2003年、2004年の日系企業の対中進出契約件数3,254社、3,454社を加算すると、22,944社となることから、2004年末現在で22,000社以上が中国に進出していると推計される、という[注7]。

　そこで、これら日本企業の中国進出動機であるが、滋賀県の「中国経済情報NAVI（滋賀県企業のための中国経済情報ポータル）」には、「進出企業に聞く」と題して、中国ビジネスのノウハウについて情報交換している。様々な中国進出動機が語られており、次にいくつか例示してみよう。

第Ⅴ－1表　日系外資企業登録数と継続率の推移

年	登記企業数(社) [A]	資本金総額 (万ドル)	うち外資出資 資本金額(万ドル)	累積許可件数 [B]	継続率 [A/B]
1994	9,840	1,265,575	771,618	10,314	95.40%
1995	12,447	2,082,036	1,360,557	13,260	93.90%
1996	13,895	2,824,055	1,927,636	15,002	92.60%
1997	14,447	3,047,761	2,010,424	16,404	88.10%
1998	14,495	3,242,074	2,203,687	17,602	82.30%
1999	13,899	3,207,520	2,204,864	18,769	74.10%
2000	14,282	3,715,794	2,534,059	20,383	70.10%
2001	15,164	4,078,417	2,754,238	22,402	67.70%
2002	16,236	4,094,385	3,011,097	25,147	64.60%
2003	18,136	5,186,707	3,863,481	28,401	63.40%
2004	19,779	5,674,068	4,301,223	31,855	62.10%

第Ⅴ－2表　中国上場企業と高度成長期の日本企業との資本効率の比較

	中国の上場企業の成長と資本効率					日本企業の資本効率			
年	上場 企業数	株主資 本合計 (億元)	総資産 回転率	総資本 回転率	ROE	年	総資産 回転率	総資本 営業 利益率	ROE
1992	52	164	0.5	0.06	0.01	1960	3.25	0.17	0.13
1993	176	887	0.55	0.08	0.01	1961	2.98	0.15	0.13
1994	283	1600	0.53	0.07	0.13	1962	2.8	0.13	0.1
1995	307	1868	0.54	0.05	0.1	1963	2.68	0.13	0.11
1996	510	2806	0.54	0.04	0.09	1964	2.77	0.13	0.11
1997	715	4553	0.55	0.05	0.09	1965	2.72	0.12	0.09
1998	821	5975	0.52	0.04	0.07	1966	2.84	0.13	0.12
1999	918	7329	0.54	0.04	0.08	1967	2.88	0.14	0.15
2000	1054	9659	0.56	0.04	0.07	1968	2.92	0.14	0.16
2001	1130	12630	0.59	0.04	0.05	1969	2.94	0.15	0.18
2002	1224	14048	0.61	0.04	0.05	1970	1.45	0.07	0.17
2003	1287	18276	0.67	0.03	0.07	1971	1.46	0.06	0.12
2004	1377	20316	0.76	0.04	0.07	1972	1.42	0.06	0.14
平均	—	—	0.57	0.05	0.07	平均	2.55	0.12	0.13

出所：翟林瑜稿「粗放型成長続く中国企業　効率重視へ転換必要」(2005.12.23付、日本経済新聞「経済教室」)

第V－3表　各国系外資企業登録数と継続率の推移

① 登記企業数(社)[A]

年	世界	香港	台湾	米国	日本	韓国
2000	180,606	100,134	24,583	18,283	14,282	9,559
2001	178,801	92,616	25,017	18,821	15,164	11,027
2002	208,056	90,046	25,613	19,389	16,236	13,010
2003	226,373	93,081	26,938	21,193	18,136	16,407
2004	242,284	95,778	27,386	22,445	19,779	18,760

② 累積認可件数(件)[B]

年	世界	香港	台湾	米国	日本	韓国
2000	363,889	205,323	46,624	31,311	20,383	15,291
2001	390,029	213,331	50,838	33,917	22,402	18,200
2002	424,200	224,176	55,691	37,280	25,147	22,208
2003	465,581	237,809	60,186	41,340	28,401	27,128
2004	508,941	239,228	64,188	45,265	31,855	32,753

③ 継続率(%)[A/B]

年	世界	香港	台湾	米国	日本	韓国
2000	49.6	48.8	52.7	58.4	70.1	62.5
2001	45.8	43.4	49.2	55.5	67.7	60.6
2002	49.0	40.2	46.0	52.0	64.6	58.6
2003	48.7	39.1	44.8	51.3	63.4	60.5
2004	47.6	40.0	42.7	49.6	62.1	57.3

A社：「中国へ進出した取引先から、中国で生産を立ち上げるにあたって、引き続き日本と同等の材料を使いたいとの要望を受けた」。

B社：「国内の大企業、中堅企業が中国へ進出している情勢下、当社にも中国での引き合いや納入物件が増えた。アフターサービスへの配慮や中国産業への期待から進出した」。

C社：「国際競争力あるものづくりを行うとともに、中国は12～14億人の大市場であること、製品・部品および材料の輸入、日本の隣国である(地理的にも好条件)ことなどから、中国へ出たいというあこがれがあり、中国市場への進出を検討していた。このような中で友好都市の関係にあり、文化教育交流をしていた中国の地方政府より、『これから中国家電製品は有望であり、電機業界の心臓部のモーターを作っているのなら中国で作り

ませんか』と誘いがあり、この要請を受けた」。
D社：「1986年、香港に海外生産拠点を初めて設立して以来、事業の海外展開については10年を超える経験を積み重ねていた。また，取引先との関係強化、生産の拡大という状況の中で中国国内における生産の必要性が高まってきたこと等から、2000年に進出を決定、翌年操業を開始した」。
E社：「1995年の急激な円高を機に中国広東省東莞市での生産を決定。コスト競争力の強化と為替変動のリスクヘッジが主たる進出の目的であった」。

また、筆者らが県内企業を訪ね、ヒアリングした「中国進出の動機」では、「元請けの取引先の要請」が多かった。

　上記各社からのヒアリングで分かるように、中国の現地企業では調達できない、あるいは生産していても一定の品質に達しない場合、日本国内取引先に中国進出を要請する。進出企業は取引先が確保されており、また国内のみの営業では取引基盤の縮小につながるところを回避できる。日本的経営文化の一つである信頼に基づく企業間「擦り合わせ型ネットワーク」（垂直展開型ビジネスモデル）であり、下請け系列企業にとって「取引基盤の縮小が恐ろしい」という経営者心理である。
　また、「憧れ」や「巨大市場となることへの期待感」がみられた。さらに、「中国ビジネスは不安定、リスクは大きい」という不安感もみられた。すなわち、これまで取引実績のある台湾、香港、韓国系の企業とのパートナーシップで、あるいは情報力のある日本の商社の紹介を受けて合弁事業をする、といった慎重対応をしている。しかも，販売先は日本が多い（日本貿易振興機構（JETRO）の調査によれば、韓国企業との取引のウェイトも高い）。
　製品や部品開発は日本で行い、加工組み立てを中国で行い、日本あるいは欧米市場向けに輸出する。当初は、第3章で述べたような加工貿易（「来料加工」等）形態からアライアンスを始める。いずれ中国企業の技術水準が向上すれば、そこから調達するようになる、と不安感を吐露された企業もあった。

(2) アライアンス解消・継続の要因と異文化摩擦の解消
―なぜ、中国から撤退しているのか？　なぜ、中国で事業を継続しているのか？　どのように異文化摩擦を解消しているのか？―

次に、日本企業の中国進出データの中で注目すべきは、進出後の継続率、すなわち登記企業数を累積許可件数で除した数値（第Ⅴ―3表参照。2004年には62.1％）の低さである。

苦労して中国に進出したものの挫折・撤退した海外企業が多い。この挫折・撤退の原因について一例を挙げれば、2005年4月26日、日本製紙は中国河北省の合弁事業から撤退すると発表した。同社は2003年12月に中国民営企業の承徳帝賢針紡と合弁会社設立を発表したが、2年も経たずに合弁を解消した。承徳帝賢針紡を合弁先に選んだのは、同社が海外製の中古設備を中国国内に輸入する許可をもっていたことにあり、日本国内の需要低迷に悩み、操業を停止した設備を中国へ移設しようとしていた日本製紙にとって"渡りに船"であった。しかし、中国合弁先が一時資金繰り難に陥るなど信用不安が払拭できず、事業継続を断念した[注8]。

滋賀県内企業のヒアリング調査でも、合弁事業を1990年初めに立ち上げたものの「相手先中国企業の経営不振により解消。出資金は一銭も戻らなかった」という企業があった。

アライアンス（alliances）の要諦は、第3章の事例研究が示すように、提携企業相互に強みと弱みを補完し合い、一層の成長を図ることにある。このためには、両者ともに強みをもっていなければならない。概して、日本企業の合弁相手である中国企業の資本効率は低い。翟（2005年論稿。第Ⅴ―2表の「出所」参照）は、中国上場企業数と高度成長期の日本企業との資本効率を比較し、次のように解説する。

「企業行動に関する理論と多くの実証分析が示唆するように、所有と経営が分離する企業においては、企業の経営者は強い規模拡大志向を持つ。というのは、企業規模が大きくなると、経営者の支配できる資源が多くなり、経営者の報酬や業界における地位も上昇するからだ。バブル期までの日本の企業も企業規模や市場シェアの拡大に走ったことからわかるように、この志向

はかなり普遍的だ。中国企業の場合、その規模拡大志向は一層強い。中国のほとんどの上場企業は旧国有企業を前身とし、その株式の60%強が依然として直接または間接的に政府に所有されており、党や政府の意向を受けて雇用や生産の拡大に努めなければならない。また、上場企業の経営者が往々にして共産党の幹部でもあり、党幹部としての序列や待遇も企業規模に比例している。さらに地方政府も地域の経済成長を競い合い、既存企業の保護、工業団地の開発と外資の誘致合戦をしている」。

　筆者（野本）も2004年，上海の宝山製鉄所を訪問したが，総経理は共産党中央委員候補であった。

　企業と政府との関係については、「欧米：政府とビジネスは独立関係、日本：政府への圧倒的依存」との見方[注9]がある。確かに、業界の多くは会員倶楽部である社団法人（業界団体）を東京に設け、政治家や官僚に陳情し、また行政指導を受けている。しかし、上場会社の多くは、個別企業と政治との関係には一線を引いている、あるいは分別をわきまえている。これは、自社を"家"として考え、"一家の繁栄"を志向する"番頭"として、また新入社員から叩上げの専門経営者（日本の上場会社の場合、約6割）としての、意識・心理の問題である。企業統治（コーポレート・ガバナンス：corporate governance）のあり方、すなわちステークホルダーとの利害は、バランスを重視しつつ良好にしようとする日本人経営者と中国企業経営者とでは意識に大きな違いがみられる。

　ところで、中国進出企業の継続率の低下は海外企業共通にみられるが、国際比較をしてみると、日本企業は香港、台湾、米国および韓国企業に比較して継続率が高い。逆にいえば、挫折・撤退率が低い（第Ⅴ―3表の③参照）。これは、日本企業の「短期的利益を追わず、長期的存続・維持を計ろう」とする経営文化が反映しているのではないか、と考えられる。
　そこでこれを検証するため、滋賀県の中国進出企業の経営理念をみよう。第Ⅴ―4表は、滋賀県所在企業の中国進出地域別データ（滋賀県商工観光労働部国際課調べ、事業所ベース）である。滋賀県内中国進出企業数は事業所

第Ⅴ－4表　滋賀県内企業中国進出地域別データ（2005.3月末現在）

進出地域	事業所数
上海市	34
香港特別行政区	29
江蘇省	15
広東省	14
遼寧省	10
北京市	7
山東省	6
天津市	6
深圳市	4
浙江省	4
福建省	4
安徽省	2
その他	4
計	149

数ベースで149所であるが、1社で複数の現地法人をもつ会社もあることから、県内本社数ベースでは101社である。滋賀県の産業構造は総生産額のうち、製造業のウェイトが42％（2006年）を占め、この製造業比率の高さは全国トップである。その構造そのままに、中国進出企業の業種も電子、電気、機械、アパレル等の製造業がほとんどである。1社、サービス業がある。これは、日系企業に対する健康診断等のサービスを提供する会社である。

さて、これら滋賀県中国進出企業の中に研究開発型の上場会社がある。筆者（野本）の面識によるが、この会社の創業社長は近江商人の「売り手よし、買い手よし、世間よし」を経営理念として掲げ、経営の基本方針にしている。こうした"心理"をもつ日本企業が中国に進出し、中国企業の経営文化と融合が進む。すなわち、中国現地事業所の経営において、中国人従業員の転職等に悩みながらも「従業員教育」「福利厚生」をきめ細かく実施し、地方政

府との円滑なコミュニケーションに心掛ける等の施策を長期的視点に立って実施しているのである。

3. 日系企業の経営文化と中国企業の経営文化との融合と乖離
―日中企業アライアンスは、どのように展開されているのか？―

　各国企業の経営文化の方策的側面は、国際交流が学術・文化・経済的な面すべてに亘り進展すると、異文化が取入れられ、影響されて、変化していくものであろう。
　日本の明治期はまさに、建築様式にみられるように、日本様式に西洋様式が取入れられた時代であった。日本的経営文化についていえば、20世紀初頭、英国やドイツ等のヨーロッパ経営文化の影響は少なからずあったものの、経営思想や経営技法の画期的な影響としては、アメリカからであった。
　テーラー（Frederik Taylor）の「科学的管理法」、フォード（Henry Ford）の「フォーディズムと移動組立法」、メーヨー（Elton Mayo）らの「人間関係論」等々である。これらの経営思想や経営技法の基底には、働く人々を動機付け、生産性を上げるための、また優れた経営者たる人間観（経営心理）があり、「経済人」、「社会人」、「経営人」、「自己実現人」、「全人格的人間」等の人間観が提唱されてきた。100年にも及ぶアメリカ経営の特性を一概にはいえないが、根底にある原理を極論すれば、「株主利益極大化」と「職務分析（あるいは分解）主義」を挙げることができるであろう。
　日本にも、アメリカの経営思想や技法は導入されてきたが、日本の土壌に合わないものは一時的にブームとなるものの、根付くことはなかった。
　日本企業の経営文化については、アベグレン（1970年）、山本（1979年）、ヴォーゲル（1979年、1984年）、秋光（1990年）等々、数多くの研究がなされてきた。そして、第4章で述べたように、「新卒採用」、「年功賃金・年功昇進」、「終身雇用制」、「企業別組合」、「産官連携」、「ウズ社会」、「本気主義」等の特性が指摘されてきた。これらの根底には、農耕民族としての「共同体意識」が潜在し、人間観としては当然ながら、「社会人仮説」が妥当する。

1980年代、世界的に脚光を浴びた「日本的経営」もいわゆる「失われた10年」には批判され、企業構造改革が進められた。株式の持ち合い解消、早期退職制度の導入と非正社員比率の拡大、固定資産の売却、キャッシュフロー経営への転換等である。しかし、第4章で既述したように、従来の日本的経営文化に潜在する「擬制的集団意識」は今なお根強い。

　筆者（野本）は、滋賀県の大手電器（掃除機）メーカーの工場を訪ねたことがある。工場内に一般的家屋（日本間と洋間）が設えてあった。女性工員2名、ペアで、自社製品を使用してもらい、何か改善できることがないか提案してもらうとのことであった。工場内の通路の壁には、QC活動の成果を記した模造紙が“所狭し”と貼ってあった。現場の協働の中で知恵を出し、効率化（例えばキャノンの「活人」、「活スペース」、トヨタの「カンバン」、ソニーの「間締め」等）や品質向上を図る。この「擬制共同体的集団主義」が日本企業の経営文化の根底にある。

　林（1995年）は、海外進出企業が本国から移転した経営方式を現地受入国の経営環境に「交配」して開発した新しい経営方式を「ハイブリッド経営方式」という。日本企業が中国に進出し、いわゆる「日本的経営方式」で経営を行うか、あるいは中国の「生活境遇」に即して「日本的経営方式」とは異なる「中国式経営方式」を行うのか。やがて、両者の良いところを取り入れ、「交配」されて「ハイブリッド経営方式」となるのか、はまさに筆者らの関心事である。

　「グローバル経営論」の基本問題は、グローバリゼーションが進展していくにしたがって、グローバル企業の経営は英米型経営モデルに収斂されていくのか、日独型経営モデルに収斂されていくのか、あるいは国際標準経営モデルに収斂していくのか、である。

　さて、中国企業の経営文化の特性については、第4章で述べたとおり、未だ中国企業の企業形態は国有企業から民営企業への移行後間もなく、中国固

第Ⅴ－5表　全国有工業企業及び年間売上額500万元以上の非国有工業企業の企業形態別企業数

年	企業単位数(社)	前年比(%)	内資企業	国有	集団所有	株式合作	聯営	有限責任	株式有限	私営	その他	香港資本等	外国投資企業	国有及び国有支配株企業
1998	165,080			47,745					9,487			15,725	10,717	64,737
1999	162,033	△1.8	135,196	50,651	42,585	10,149	2,771	9,714	4,480	14,601	245	15,783	11,054	61,301
2000	162,885	0.53	134,440	42,426	37,841	10,852	2,510	13,215	5,086	22,128	382	16,490	11,955	53,489
2001	171,256	5.14	139,833	34,530	31,018	10,864	2,234	18,956	5,692	36,218	321	18,257	13,166	46,767
2002	181,557	6.01	147,091	29,449	27,477	10,193	1,964	22,486	5,998	49,176	348	19,546	14,920	41,125
2003	196,222	8.08	157,641	23,228	22,478	9,283	1,689	26,606	6,313	67,607	437	21,152	17,429	34,280
2004	219,463	11.84			21,130							42,753		31,750

第Ⅴ－6表　所有形態別工業生産額

年	工業付加価値 名目値(億元)	前年比(%)	国有	集団所有	株式合作	株式制	私営	外資及び香港資本等
1998	19,422		11,077	3,302	573	2,923		4,055
1999	21,565	8.9	12,132	3,171	659	3,977		4,851
2000	25,395		13,778	3,072	731	7,357	1,319	6,090
2001	28,329	9.9	14,652	2,616	760	10,461	2,174	7,128
2002	32,995	12.6	15,935	2,553	818	13,056	3,256	8,573
2003	41,990	17	18,838	2,552	859	17,799	5,379	11,600
2004	54,805	16.7	23,213	2,877	1,043	24,054	8,290	15,241

(出所：第Ⅴ－5・6表ともに(財)日中経済協会)

有の経営文化がしっかりと現出するには、今しばらく時間を要すると考えられる。そこで、本節では、日中企業交流の企業形態がどのように変容しているのか、をみよう。まず、中国企業の企業形態別の企業数および生産額をみよう（第Ⅴ－5・第Ⅴ－6表参照）。

第Ⅴ－5表から、中国の企業形態のうち、「国有」および「集団所有」が漸減していることが分かる。ただ、改革・開放政策に転換して約30年経過してもなお、公的企業の比率は高い。そもそも中国企業には、多種多様の企業形態がある。

「中国国家統計局と国家工商行政管理局は98年9月、『統計上経済要素を分類することに関する規定』および『企業登記登録類型を分類することに関する規定』を公布し、従来の分類では混在していた所有制の区分と企業の登記区分・組織形態区分を整理した。さらに、公有制の状況が正確に反映されるよう改定を行った。現在も、中国の公式統計では基本的にこの分類が使用されている[注10]」。

この統計で、中国の企業形態は次のように分類されている。

[所有制による分類]

A．公有経済　　(a)国有経済　(b)集体経済
B．非公有経済　(a)私有経済　(b)香港澳門台湾経済　(c)外商経済

[工商行政管理機関に登記する企業の区分]：
A．内資企業
　　(a)国有企業　(b)集体企業　(c)股彬合作企業（株式合作企業）　(d)聯営企業　(e)有限責任公司　(f)股彬有限公司（株式有限公司）　(g)私営企業　(h)その他企業
B．香港・澳門・台湾投資企業
　　(a)合資経営企業（合弁企業）－香港・澳門・台湾資本　(b)合作経営企業-香港・澳門・台湾資本　(c)香港・澳門・台湾独資経営企業　(d)香港・澳門・台湾投資股彬有限公司（株式有限公司）
D．外商投資企業（外資系企業）
　　(a)中外合資経営企業（中外合弁企業）　(b)中外合作経営企業　(c)外資企業　(d)外商投資股彬有限公司（株式有限公司）

[国有経済による株式支配の分類]

A．国有絶対控股
B．国有相対控股（協議控制を含む）

上記「外商投資企業（外資系企業）」は、いわゆる「三資企業」であり、①100％外資企業、②合弁企業、および③合作企業（中国側は出資せず、土地・建物を提供した企業をいう）の3者である。
　この中国企業の企業形態と日本企業とのアライアンスに関して注目すべきデータは、「合弁から独資へ」という傾向であろう。「2005年現在、在中日系独資企業のシェアは1996年調査時の30％弱から70％強となっている」[注11]のである。「独資」は100％外国側が出資する形態の中国法人であり、合弁・合作企業と同様に「有限責任公司」である。設立認可には合弁・合作企業よりも厳しい条件が課せられる。それでもなお、独資形態が増えている。
　つまり、日中間の「ハイブリッド経営方式」はまず「合弁」、次に「独資」としてのそれへと変容している。一旦、改革・開放、外資優遇、合弁奨励政策によって、「合弁」で日系企業の経営文化と中国企業の経営文化が融合、そして乖離し、「独資」間アライアンスとして、両者は次段階の「経営ハイブリッド化」に進展する傾向にあると解される。

4. 日中企業間における異文化摩擦のインターフェース
―日中企業交流における問題発生の根源とは？―

　前述のとおり、市場主義を標榜しているものの、社会主義・共産主義の価値観が根底にあるとされる経営文化と、民主・自由・資本主義国を標榜しているものの、農耕民族的・擬制社会的共同体意識が根強い日本的経営文化が直面して、両国の企業交流が拡大している。そしてこの異文化が接する現場では、"和解"が非常に難しく、様々な摩擦が起こるが、根気良くその解消策が採られている。
　中国ビジネス上の問題点については、JETRO等の調査により、「法律が急に変わる」、「インフラが未整備」などの発展途上国としての経過的問題が明らかにされているが、ここでは、筆者が関西圏企業から聴取した経営文化の軋轢問題に絞ろう。まず人事管理面の問題では、「従業員の定着率が悪い」という問題がある。いわゆる「ジョブ・ホッピング」に対応するために、中

核的人財についても日本的な「職能資格給与制度」から「職務成果給与制度」に変更した企業や出来高歩合制を採る企業があった。また、販売管理面では、「売掛債権の回収が困難」という問題がある。模造品対策も悩みであり、知的財産権侵害のリスクが高いという危機感が吐露された。さらに、購買・生産・品質管理面では、「原材料などの調達が困難」、「品質にバラツキがある」、「日本と同レベルの品質の材料確保は難しい」という問題が指摘された。

一方、彦根市国際交流事業の研修生として来訪した二人の中国人管理職からの面識では、日本的経営について、「日本企業の給与は安い」、「昇進が望めない」、「朝礼や会議が非効率で、無駄な話が長すぎる」という感想があった。

また、中国からの交換留学生22名に対し、「日本のオフィスによく見られるオープンな『大部屋』で仕事をするのと、アメリカのオフィスのようなパーテーション型のデスクワークとではどちらを好むか」という質問をしたところ、全員がプライバシー重視のアメリカンスタイルを好むということであった。中国人は社会主義的エートス（精神的雰囲気）から解き放されて、今のところ、「豊かになれる者は先になれ」に沿った"経済至上主義者"、"利益至上主義者"であり、中国企業とのアライアンスに当たっては「経済人」仮説を採るのが妥当である。したがって、"経済至上主義"については、リスクマネジメントが、"人事面の現地化"にはコーポレート・ガバナンスの確立が不可欠である。

経済省の海外現地法人四半期調査によれば、日本企業の中国現地法人の総売上高は、2006年度、956億ドル（1ドル＝¥120換算、11兆4,720億円）であり、2001年度の3倍となった。2006年度末の従業員数は99万2,000人であり、同じく2001年度末の2.5倍となった。少子・高齢化で国内雇用が難しくなることが予想される中、中国の人財をいかに"活き活き"と協働してもらうか、いかに"ジョブ・ホッピング"しないよう適切に処遇するか、いかに業務遂行能力を向上させるための教育訓練を行うか、がますます重要な問題となってきている。

さらに、中国では2008年1月から、労働者の権利を強める労働契約法が施行される予定である（本章執筆、2007年11月）。現地日系企業への影響が大きいと思われるが、2007年にはそれに向けてどのような対策が採られている

のであろうか。同年には、中国の食品を中心にした品質への不安、欧米等との貿易摩擦も深刻化してきている。

　そこで、現地日系企業では、さまざまな対策が講じられている。たとえば、一つは、中国の大学との産学連携で、中国内日系企業の現地人幹部を養成するため、コンプライアンス（法令順守）や経営理念等についての教育をしていこうとする動きである。具体的には、中国の大学と提携して講座を開設したり、独自に幹部育成機関を設立したりしている。

　二つは、従業員代表との労働条件や福利厚生に係るきめ細かな対話である。たとえば、週2回程度、経営側と従業員側で生産計画や年間休日について委員会を設ける等の対策が既に採られている。

5．結び

　日本企業経営者の多くは中国市場のリスクに不安を持ちながらも、それぞれの事情で中国進出を決断している。また、中国の日系企業は（平均的に）欧米企業や韓国企業ほど利益が上がっていないが、中国での企業継続率（登記企業数／累積認可件数）だけをみると、むしろ米国や台湾、香港そして韓国企業より高い。これは日本企業の「短期的利益を追わず、長期的存続・維持を計ろう」という経営文化が反映していると考えられる。

　市場経済を標榜しているものの、社会主義的価値観や政治運動の後遺症の影響が残っている中国企業の経営文化と資本主義国を標榜しているものの、農耕民族的・擬制社会的共同体意識が根強い日本企業の経営文化が直面して、両国の企業交流が拡大している。異文化が接する企業現場におけるさまざまの摩擦やトラブルを解決するには、お互いに相手の経営文化を心から理解することが肝心である。

[謝辞]

　本章は冒頭で注記したように、2005年度の私立大学に対する研究助成と聖泉大学特別助成共同研究「日中企業交流に及ぼす企業文化の影響に関する産業心理的研究」の成果を、取りまとめた既発表の論文の一部を訂正のうえ、収録したものである。研究の過程では、日中双方からアプローチすることを企画し、いくつかの中国企業，日本企業および中国に進出している日系企業の董事長（会長，CEO）、総経理（社長，COO）、国際業務担当者にヒアリングさせていただいた。また、管理職・監督職、従業員に対する職場調査に協力いただいた。さらに，筆者2名（野本・方）はともに実務経験者であり、現在滋賀県彦根市にある聖泉大学人間学部に奉職している。このため、叙述は実務の中で知り得た知見や関西圏企業の資料・情報に基づいている。
　オプティクス㈱代表取締役社長・滋賀経済産業協会会長の小林徹氏、日本ソフト開発㈱代表取締役社長・滋賀県経済同友会代表幹事の藤田義嗣氏、滋賀県商工観光労働部国際課の仲井孝宗氏、同商工政策課の川元美和氏、トキワ精機㈱代表取締役社長の池内要一氏、㈱昭和バルブ製作所代表取締役社長の中川哲氏、NPO法人三方よし研究所の岩根順子氏、西川嘉右衛門商店会長・ヨシ博物館館長の西川嘉廣氏、歩歩高商業連鎖有限公司物流中心主管の楊湘力氏、心連心集団有限公司董事副総裁の黄燦氏等の諸氏には、滋賀県経済の現況、近江商人の経営理念、中国進出の動機、中国での事業形態など、貴重なご教示をいただいた。ここに謝意を表したい。

[注記]
1．日本経営教育学会25周年記念編纂委員会編『経営教育事典』、2006年、学文社、P.122。
2．デイヴィット・ゲルサンライター著、笹野洋訳『日本がアメリカの中心にやってきた』、講談社、1991年。
3．経営管理に係る応用心理学としては、「経営心理学」がある。近年、大学の経営学部等のカリキュラムでは「経営心理学」という科目名が多く見られるようになった。これは、現代経営においてはステークホルダーとの関係が強まり、労働者心理・経営者心理のみならず、投資家心理、消費者心理等の心理研究が重要性を増し、従来の産業心理学の研究領域では間に合わなくなってきたからである。ただ本章では、経営内部の人間心理を「産業心理」として捉えている。

4．ニクソン・ショック：Nixon shock。1971年（昭和46年）8月15日に、ニクソン米大統領が、突然発表した金と米ドルの交換停止などを含むドル防衛策及びその政策変更が伝えられ起こった大暴落のこと。日経平均株価は、翌日の16日から4日間の間、550円安、下げ率21％の大暴落となった。政府の円切り上げ政策により、同年末には下げは回復した。同年12月に、ワシントンのスミソニアン博物館で各国の蔵相会議が開かれ、ここでドルと金との固定交換レート引き上げ、ドルと各国通貨との交換レート改定が決定された（スミソニアン体制）。日本円のレート改定会議は順番が最後であり、ほとんど時間は用意されなかった。その中で円については、360円から308円へ、16.88パーセント切り上げることが提案された。この切り上げ幅は諸国通貨の中でも最大で、日本の交渉団の予想も大幅に上回るものであった。そして、日本の交渉団が言い淀み思案している間に提案は決済され、会議は終結した（Wikipediaより）。

5．21世紀中国総研編『中国進出企業一覧』、蒼蒼社、各年版。
6．21世紀中国総研/中村公省稿「中国進出日系外資企業の挫折率」「KEY NUMBER」（第27号、2006.6.1発行）。
7．21世紀中国総研編『中国進出企業一覧』（2005－2006年版、稲垣清稿「解説：中国の外資受け入れ状況と日本企業の進出」）。
8．日本経済新聞（2005.4.27）。
9．前掲書（注1）、『経営教育事典』、p.110。
10．財団法人日中経済協会編『中国経済データハンドブック』（2005年版）、p.58。
11．前掲書（注1）、『経営教育事典』、p.152。

［参考文献］
1．秋光翔著『文化としての日本的経営』、中央経済社、1990年。
2．アベグレン（J.C）監修、ボストン・コンサルティング・グループ編著『日本経営の探求　株式会社にっぽん』、東洋経済新報社、1970年。
3．伊丹敬之著『グローカル・マネジメント―地球時代の日本企業―』、日本放送出版協会、1991年。
4．林吉郎著『異文化インターフェース管理』、有斐閣、1985年。
5．ヴォーゲル（E.F）著、広中和歌子/木本彰子訳『ジャパンアズナンバーワン　アメリカへの教訓』、TBSブリタニカ、1979年。
6．ヴォーゲル（E.F）著、上田惇生訳『ジャパンアズナンバーワン再考　日本の成功とアメリカのカムバック』、TBSブリタニカ、1984年。
7．ポーター（M.E）、竹内弘高著『日本の競争戦略』、ダイヤモンド社、2000年。
8．藻利重隆著『経営学の基礎』、森山書店、1971年。
9．山本七平著『日本資本主義の精神』、光文社、1982年。
10．21世紀中国総研編『中国進出企業一覧　上場会社篇　[2007－2008年版]』、蒼蒼社。
11．21世紀中国総研編『中国進出企業一覧　非上場会社篇　[2007－2008年版]』、蒼蒼社。

column 近江学研究入門

　近江とは「都に近い江（淡海）」という意味である。「近江国」は明治の廃藩置県によって滋賀県（犬上県等の命名の変遷はあったが）となった。日本最大の湖、琵琶湖を抱えることから「湖国滋賀」とも呼ばれる。

[滋賀県基本データ（2006年）]
- a．人口　……………1,392,067人（日本の総人口12,777万人の1.09％）
- b．人口増加率　………①愛知県0.74　②東京都0.66　③滋賀県0.61
- c．世帯数　……………513,748（1世帯当たり人数2.7人）
- d．面積　………………4,017km²（日本の総国土面積38万km²の約1.06％）、琵琶湖はその約六分の一。
- e．事業所数　…………57,933（全国5,911,038の0.98％）
- f．県総生産に占める製造業比率
　　………………………2003年40.4％（全国22.3％、ただし2003年度）
- g．県民所得　…………一人当たり3,235千円（全国第4位、ただし2004年度）（東京4,559千円・愛知3,440・静岡3,247千円）

[滋賀県の地域特性]
- a．内陸県：　…………"都の近くの淡海の国"といわれるように、京都に近く、大阪、神戸、名古屋経済圏にも近い。
- b．交通の要所　………大都市圏に通ずる名神高速道路、新幹線が開通。
- c．豊富な史跡　………彦根城、安土城、比叡山、石山寺等々史跡が豊富。
- d．近江商人発祥の地　…江戸時代、八幡、日野、高島、五個荘等の商人が天秤棒を担いで全国に行商。その商家の経営理念―「三方よし：売り手よし・買い手よし・世間よし」は今も継承される。
- e．滋賀県の南北問題　…県南部に県都の大津市、草津市、守山市等人口の多い市が偏って所在。
- f．県総生産に占める製造業比率　…2003年40.4％（全国22.3％、ただし2003年度）

社会経済生産性本部によると、2006年の都道府県別労働生産性（総生産額を就業者数で割った数値）は、トップが1,001万円の東京都、2位が901万円の大阪府、3位が878万円の滋賀県であった。これは、滋賀県には大手製造業の工場進出が相次ぎ、総生産額に占める製造業比率が全国トップであることも大きな要因であろう。

　遡って、1993年度の県内総生産をみると、5兆1372億円（国内総生産466兆7,638億円の1.10％）であった。この年度の第2次産業〔鉱業、製造業（①食料品、②繊維、③パルプ・紙、④化学、⑤石油・石炭製品、⑥窯業・土石製品、⑦一次金属、⑧金属製品、⑨一般機械、⑩電気機械、⑪輸送機械、⑫精密機械、⑬その他の製造業）、建設業〕の総生産は2兆8,494億円で、県内総生産の56.4％を占め、うち製造業は46.7％と極めて高かった。近江商人発祥の地であるが、"ものづくり立県"なのである。

　滋賀県では、1960年以降、「県工業開発促進条例」を制定し、工業団地の先行型造成を推進したことも、この製造業比率の全国トップの誘因であったろう。製造業の中でも、「繊維」は徐々に衰退してきたが、代わりに「電気機械」が1980〜1990年代前半まで、滋賀県の製造業を主導してきた。しかし、円高や商品のコモディティー化によって、滋賀県内の工場も東南アジア等の低コストで生産できる地域に移転し、いわゆる「産業の空洞化」が進んだ。かくして、十年後の2003年、製造業比率は40.4％まで下がってきたわけである。それでも全国的にみれば、高い。

　近年、滋賀県では、産業振興新指針を策定し、「環境・健康・観光・バイオ・ICT」産業の育成に努めてきている。

　琵琶湖は"マザーレーク"と別称される。こうした母なる湖を抱える滋賀県は、環境問題に熱心である。今後、環境保全・美化型の製造業とサービス業が融合して発展するものと期待される。

（出所：内閣府「県民経済計算」、総務省「平成16年度事業所・企業統計調査」、滋賀県、滋賀総研、他）

おわりに

　2007年は日中関係にとってまさに激動の一年だった。6年間の小泉政権においてとことんまで冷え込んだ両国の関係は、安部首相（当時）の訪中と温家宝首相の訪日（中国では、この訪問を「融氷之旅」という）によって転機を迎えた。そして、安部首相の突然の辞職と福田首相の誕生も、日中関係に微妙な影響を与えている。一般的に安部さんはタカ派、福田さんはハト派とみられているからである。

　また、2007年は日中国交35周年、そしてそれにあわせて日中文化スポーツ交流年でもある。福田首相の訪中と胡錦涛主席の2008年春の訪日（予定）という追い風の影響もあり、両国民の相手国に対する意識も前向きの方向へ変化し始めた。

　日本内閣府の2007年10月に行った外交に関する世論調査によると、日中関係について「良好だと思う」とする者の割合が26.4％で、2006年の調査結果より4.7ポイント、過去最低だった2005年より6.4ポイント増えた。

　一方、かつて流行語になった「政冷経熱」という言葉に示されるように、日中間の民間レベルの「草の根」的な交流、とりわけ経済的交流は続いており、その規模も拡大しつつある。第5章で述べたように、中国に進出している日系企業は2006年末現在で2万社を超えている。また、ほとんどの日本企

業は何らかの形で中国ビジネスにかかわっているのが現状である。

　このような背景において、本書のキーワードの一つである「日中企業交流」はかつてなく重要になっている。また、日中両国にとって本書のもう一つのキーワードである「グローバリゼーション」を論ずるとき、まずは「一衣帯水」といわれる近い隣人同士である両国の相互理解という課題をクリアすべきではないか、と思う。たとえば、前出の内閣府の世論調査では、日中関係について「良好だ思う」と答える人の割合が50％以上になるのが一つの目安ではないかと考える。

　長く経営学を学び、日本の会社の「意識的経営現象」を一般化しようと研究を進めるにつれ、中国のそれとは"確かに違う"と思うようになる。しかも、文化論や心理学（経営心理学、産業心理学、社会心理学、文化心理学等）の視点から、会社に係る諸問題を改めて捉え直し、それらを考察すればするほど、日本と中国の会社とでは"かなり違う"と改めて思うようになる。

　一方、広く世界的な視野から企業とその行動をみると、グローバリゼーションが"大河の流れ"の様に進んでいる。そしてそれは、各国・各地域において、"大河の淀み"の様に、異文化の固有性に抗われ、改変されていく。

巨大化するとともに大きな経済的影響を与えるようになったグローバル企業に、そうした二面性をみることができる。

ビジネスの行動様式についていえば、これまで英米の仕法がグローバル・スタンダードであった。日本企業の本格的なグローバル化も進む今日、英米のそれとは異なる日本的経営文化は"淀まず"、流れていけるのであろうか。

日本的経営文化それ自体も変わっていくであろうが、それが"売り手よし・買い手よし・世間よし"の理念を保持し、常にイノベーションに努め、質実剛健であり続ければ、世界の「経営美追求」の一つの手本になるだろう。

この日本的経営文化は、中国という「世界の工場」並びに「世界の市場」においてその真価を問われている。日本的経営文化は、中国で通用するか。これもまた本書のキーワードである「新日中経営文化」にかかわる内容となる。例えば、日本企業が品質に過剰なほどこだわるものづくり精神は、現地の従業員に理解してもらうのにかなりの忍耐力がいる。そのものづくり精神を現地の職場にて浸透させたときは、ある意味で「新日中経営文化」が確立される時期でもある、と思う。もちろん、現地の文化や商慣習を無視して日本的経営文化を強要しようとしてもうまくいかない。理想は会社のトップを中国人に任せながらも、単に任せるのではなく、日本流のものづくり方式を粘り強く、時間をかけて理解してもらうことである。いわゆるお互いによいほうを取り入れることである。また、リベート、ましてわいろに頼って営業するような、一見、現地の商慣習に合うようで、効率よさそうなやり方はぜひとも避けたい。実際、そのような手法に走ってしまった外資系大手スーパーがあるが、案の定、途中からうまくいかなくなっているそうだ。

本書では日中企業交流についてその歴史、現状と問題点等を論じたが、課題はまだまだ多く残されている。本書が中国に進出している日本企業の関係

者の方々や、このテーマに関心を持つ研究者の方々にとって、少しでもご参考になれば幸いである。また将来、社会に出て、日中ビジネスに携わる学生諸君にとって、中国を正しく認識するのにお役に立てばこの上なくうれしく思うしだいである。

2007年12月吉日

野本　茂

方　蘇春

賈　雪梅

column 中国のプロフィール

中国ってどんな国？
中国の基本的データ（2006年末現在）

国旗：中華人民共和国の国旗は五星紅旗である。旗面は紅色で、長さと高さの比例が三対二の長方形の旗である。旗の左上方に五つの黄色の五角の星があり、その中の一つは比較的大きく、左に位置し、他の四つの星は比較的小さく、大きい星の右に周って並べる。国旗の紅色は革命を象徴し、五角の星の黄色は赤い大地に現れる光明を象徴する。大きい五角の星は中国共産党を、四つの小さい五角の星は中国人民を代表し、五つの五角の星の相互関係は中国共産党の指導の下における人民の大団結を象徴する。（「中華人民共和国駐日本国大使館ホームページ」より）

国　名		中華人民共和国
建　国		1949年10月1日
首　都		北京
言　語		漢語（標準語は北京語）
民　族		漢民族をはじめ56の民族がある。漢民族は全人口の約92％を占める
面　積		約960万平方キロ（日本の約26倍）、世界で第3位
人　口		13億1,448万人（中国国家統計局、日本の10倍強）、世界で第1位

ＧＤＰ	約2兆7,000億ドル
一人当たりGDP	約2000ドル（日本の約16分の1）
為替レート	1ドル＝約7.8087元（2007年12月現在　1ドル＝約7.3元）
在留邦人数	125,417名
日系企業数	2万社強
日中間貿易額	計2,113.0億ドル（前年比11.5％増）
日本人訪問者数	3,745,881名（前年比10.5％増）

隣　　　国　　陸地国境線のある隣国は14：（北から時計方向）ロシア、モンゴル、朝鮮民主主義人民共和国、ベトナム、ラオス、ミャンマー、ブータン、インド、ネパール、パキスタン、アフガニスタン、タジキスタン、キルギスタン、カザフスタン。

海を隔てた隣国は6：韓国、日本、フィリピン、ブルネイ、マレーシア、インドネシア。

その他（2006年末現在）
在日中国人数　　560,741名（法務局統計）
中国人訪問者数　　811,678名（前年比24.3％増）

column 中国のプロフィール 中国の行政区分と中央国家機構

国章：中華人民共和国の国章の真ん中は五星の輝きの下における天安門であり、周りは穀物の穂と歯車である。穀物の穂、五星、天安門と歯車は金色で、円環内の底色とリボンは紅色で、金色と紅色は中国で吉祥と喜慶を象徴する色である。天安門は帝国主義と封建主義に反対する不屈の民族精神を象徴し、歯車と穀物の穂は労働者階級と農民階級を象徴する。五つの星は中国共産党の指導の下における人民の大団結を象徴する。(「中華人民共和国駐日本大使館ホームページ」より）

[中国の行政区分]

1. 中央政府：部（＝省）、局・庁（＝局）、処（＝課）、科
2. 省(23)・民族自治区(5)・直轄市(4)・特別行政区(2)(以上は部クラス)
3. 地区級（局クラス）・副省級（副部クラス）市・区（331）
4. 県・県級市・区（処クラス、2,126）
5. 鎮・郷（科クラス、45,462）

（以上は政府部門であり、そちらで働く専任職員が公務員である）。

鎮と郷の下に「村」という組織はあるが、村長は公務員ではなく、村民から選出される。改革・開放の以前では鎮と郷以下はほとんど農業のみに従事してきたが、いま、ほとんどすべての郷・鎮は企業、いわゆる郷鎮企

業を持っている。農民の収入の多くも郷鎮企業によるものである。

「中華人民共和国憲法」によれば、中国の中央国家機構は以下の6部分からなる。

　全国人民代表大会（全人代＝国会）常務委員会
　国家主席
　国務院（政府）
　中央軍事委員会
　最高人民法院（最高裁判所）
　最高人民検察院（最高検察庁）
　国家主席と国務院総理、そして中央軍事委員会主席、最高人民法院院長と最高人民検察院院長はいずれも全人代より選出され、全人代とその常務委員会に対して責任を負う。

　さらに、国務院の下に次の各部（省）・委員会・直属機関がある。
　国務院弁公室（内閣官房）、外交部、国防部、国家発展・改革委員会、教育部、科学技術部、国防科学委員会、国家民族事務委員会、公安部、国家安全部、監察部、民政部、司法部、財政部、人事部、労働・社会保障部、国土資源部、建設部、鉄道部、交通部、情報産業部、水利部、農業部、商務部、文化部、衛生部、国家人口・計画出生委員会、中国人民銀行、会計検査署（以上計：部21、委員会4、弁公室1、その他2）。

column 中国のプロフィール 中国の方言

　中国は国土が広い上、昔は交通の便が悪かったこともあり、各地方は独自の方言をもっている。一般に各省毎に方言を分けているが、福建省のように同じ省に複数のお互いに通じないほどの異なる方言が存在しているところもある。

　方言の分類はいろいろあり、たとえばもっとも大まかな分類では、中国語を「北京語」「上海語」「広東語」「福建語」の四大言語に分類している。すなわち、南方3言語以外の地域の言葉はすべて北京語に分類されている。

また、さらに細分して7つあるいは8つの方言に分類するものもある。

たとえば：
　北方(ベーファン)方言：ここの北方は北京、天津、山東省、河北省、河南省、東北部、西南部、西北部など広い地域を含む。北京語はその代表的な言語である。

　呉(ウー)方言：上海、寧波など浙江省の一部、蘇州など江蘇省の一部で使う方言。

　粤(ユエ)方言：（粤は広東省の略称）一般でいう広東語のこと。

　湘(シャン)方言：（湘は湖南省の略称）主に湖南省で使う方言。

　客家(カアジャー)方言：主に広東省東部、福建省西部、江西省南部の山間部に分布しているが、四川省など他の地域や海外の華僑の一部も客家語を使う。（客家は唐から元の時代にかけて華北地区から中国南部に移住した漢民族のエスニック集団といわれている。漢民族でありながらも独自の文化を持っており、いわゆる漢民族の中の少数民族のようなものだ。孫文や朱徳、鄧小平そしてシンガポール元首相の李光耀(リークァンユー)など有名人も客家人であるそうだ)。

　贛(ガン)方言：（贛は江西省の略称）江西省方言のこと。

　閩(ミン)方言：（閩は福建省の略称）福建語のことをいう。ただし、南部の閩南語と北部の閩北語はお互いに通じないほど違うようだ。この閩(ミン)方言を閩南と閩北に分けると方言の種類は8つとなる。

しかし、筆者（方）の体験では、例え8つの方言に分類しても、やはり

大まか過ぎると思う。例えば、西南部の四川省方言と西北部の陝西省方言は同じ北方方言に分類されているが、言葉がかなり異なっており、お互いに方言でしゃべると、おそらくほとんど通じないだろう。実際、筆者（方）は中学生のとき、親の転勤で東北部の長春（吉林省）から西北部の天水（甘粛省）に移った最初の数カ月は、現地の方言がほとんどわからなかったという体験をもっている。
　中国の方言の特徴はその差の大きさにある。例えば、広東省や香港でよく使う広東語や福建省や台湾・東南アジアの華僑社会でよく使う閩南語は筆者（方）のような標準語しかわからない人にとって、まさに外国語のようなもので、まったく通じない。
　さらに、藏族（チベット族）やウィグル族、モンゴル族、朝鮮族など漢民族以外の55の少数民族の多くも独自の言語を持っているが、こちらは正真正銘の漢語とまったく異なる「外国語」となるので、方言の範疇を超えている。
　これだけ方言の差が大きいのにどうしてお互いにコミュニケーションをとれるか、という疑問があるかもしれない。これは共通の漢字を使うので、文章なら（字が読めるなら）どこでも通じたわけだ。また、地方の方言しか使えない人でも一般的に標準語ならなんとなくわかる。最近、テレビの普及や学校では教師が標準語である「普通話」（北京語）を使うのを義務付けるなどによって、南方地方の若者もほとんどなまりのないきれいな「普通話」をしゃべるようになっている。

column 中国のプロフィール 中国初の月探査衛星「嫦娥1号」

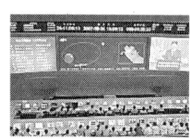

　2007年10月24日、中国国家航天局（CNSA）は中国西南部にある西昌衛星打上げセンターから月探査衛星「嫦娥1号」の打ち上げに成功した。「嫦娥1号」は中国初の月周回衛星で、中国の神話の中の月に住む仙女である「嫦娥（じょうが、中国語読みでは「チャンア」）」にちなんで命名された。
　衛星の総重量は2,350kg。大きさは2000㎜×1720㎜×2200㎜。太陽電池パネルを展開すると全長18m。2004年1月に始まってから、このプロジェクトに14億元（1元＝約16円）が費やされたという。
　中国国家航天局は11月26日、「嫦娥1号」のCCD立体カメラが高度約200キロメートルの周回軌道から撮影した最初の月面画像を公開した。
　同局の関係責任者によると、嫦娥1号は今後1年間、月面の化学元素など各種の探査データを常に送信してくる。研究・開発を行うためには、これらのデータをデジタル化処理した後、科学者からなる専門チームに提供するという。（画像は中国国家航天局により提供）。

■著者プロフィール

野本　茂（のもと　しげる）

1949年北海道伊達市生まれ。77年成蹊大学大学院経営学研究科博士課程修了（単位取得満期退学）後、㈶流通システム開発センター専門委員（「商店街共同荷受システム」「都市内コンソリデーションシステム」等の調査研究プロジェクトのワーキンググループ員）。80年㈳全国相互銀行協会（現第二地方銀行協会）調査役（人事教育事業担当）。84年文教大学情報学部経営情報学科講師（非常勤）。90年聖隷学園聖泉短期大学講師。92年以来、大阪千里リサイクルプラザ客員研究員、彦根市の、アミュニティー推進協議会会長、路線バス検討委員会委員長、環境審議会委員、廃棄物減量等推進委員会専門部会長等歴任。現在、聖泉大学人間学部教授。

方　蘇春（ファン・スーチュン）（ほう　そしゅん）

京都大学博士（工学）。聖泉大学教授・学生部長・国際交流センター長。中国長春市生まれ。82年ハルビン工業大学卒。86年ハルビン工大修士課程修了後、同大学教員となる。同年京都大学へ留学。特別コース研究生を経て92年博士後期課程修了。同年神鋼鋼線工業㈱に就職、研究員、主任研究員。2002年聖泉短期大学教授。2003年現職。ハルビン工業大学客座教授、吉林大学客座教授、重慶三峡学院兼職教授。

賈　雪梅（ジャ・シュエメイ）（か　せつばい）

関西学院大学修士（社会学）、同社会学研究科研究員。聖泉大学非常勤講師。中国青島市生まれ。94年来日。2000年関西学院大学卒業。2002年同大学院修士課程修了。2005年同大学院博士後期課程単位取得満期退学、研究員。2004年より聖泉大学非常勤講師。

日中企業交流の内実とその深層
As a Bridge of Corporate Alliances between Japan and China

2008年3月10日発行

編著者　野本　茂

著者　方　蘇春・賈　雪梅

発行　サンライズ出版株式会社
　　　〒522-0004　滋賀県彦根市鳥居本町655-1
　　　TEL 0749-22-0627　FAX 0749-23-7720

ⓒPrinted in Japan
ISBN978-4-88325-354-8 C1033

定価はカバーに表示しています。
乱丁本・落丁本は発行元にてお取り替えします。